プレゼンテーションデザイナー **吉藤智広** × エバンジェリスト **渋谷雄大**

伝わるプレゼンの法則100

Presentation Rule Index

大和書房

まえがき

——プレゼンしても、なんだかちょっと手ごたえがない。

　職場で、客先で、学校で、イベントで、展示会で、講演会で。がんばっているはずなのに、こんな風に感じた経験は誰にでもあるはずです。この原因は、「伝わっていない」こと。
　あなたが持っている素晴らしいアイディアや、貴重な情報や、それから聞き手がびっくりするような新たな発表も、「伝える」ことができていなければ価値を持ちません。

「伝える」は、単なる情報伝達ではなく、聞き手の行動や考え方に何らかの変化を与えること。そしてこれを実現するための舞台装置とも言えるのが「プレゼンテーション」です。

▷ あらゆる場面で使える「伝える工夫」

　プレゼンというと、大勢の前で先生役の一人が講義をするように話すもの、というイメージがあるかもしれませんが、実際

Presentation Rule Index

の社会ではもっとずっと多様です。

- ・承認を得るための会議
- ・関係者の支持を得るための企画の提案
- ・製品やサービス購入のための商談
- ・生徒に新たな知識を教える学校の授業
- ・最新の研究成果の発表
- ・自社のビジネスコンテンツ拡散のためのイベント・展示会
- ・全世界に向けた新製品発表会
- ・国際カンファレンスでの発表・意見交換　etc.

規模の大小はあっても、「伝える」につながるすべてのことがプレゼンテーション。だからこそ、伝える工夫を知っておくことは、現代の社会で最も実践的なスキルだと言えます。

本書の書き手は、プレゼンを生業にする二人の現職のプロフェッショナル。ひとりは作るプロであるプレゼンテーションデ

ザイナー、もうひとりは話すプロであるエバンジェリスト。二人が普段の仕事でリアルに使っている「伝える」テクニックを厳選してまとめました。

▶ あなたに必要な「伝え方」を見つけよう

　本書は、3つのパートで構成されています。
　Part 1は「ストーリーを作る」。聞き手を動かし、聞き手を変えるためのプレゼンはストーリーから。効果的なストーリー作りの考え方や情報整理のテクニック・構成の手順を解説します。
　Part 2は「デザインする」。文字の置き方、グラフの見せ方、画像の使い方等々、聞き手を話に引き込むためのデザインテクニックは、シンプルでミニマムなものから裏技的なものまで多種多様。すぐにマネができて効果の高いものを厳選して取り上げました。
　Part 3は「話す」。素晴らしいストーリーとデザインがそろ

Presentation
Rule Index

っていても、プレゼンの出来を左右するのは話し手の存在感と本番での話し方。聞き手を惹きつけ「伝える」ための話し方の実践テクニックを紹介します。

　本書はどのページからでも読める見開き完結型。効果的なグラフを作りたい方はPart 2へ。いつも話が堅苦しくなってしまう人はPart 3へ。ページをめくって、あなたに必要な「伝え方」を見つけてください。
　本書を手に取ってくださったあなたの明日のプレゼンは、きっと今日までとは大きく変わっているはず。さあ、次のプレゼンの準備を始めましょう。

Contents

まえがき ·· 2

Part 1 ストーリーを作る | Story

1	プレゼンは聞き手への贈り物	16
2	目的は「ココロ」を動かすこと	18
3	情報紹介だけのプレゼンから抜け出せ	20
4	「誰に?」「何と言ってもらいたい?」	22
5	ターゲットを具体化する	24
6	聞き手の課題は3つのカテゴリで書き出す	26
7	情報と未来像をセットで考える	28

8	「出発点」から「到達点」への行き方を示す	30
9	一人歩きするキーメッセージを決める	32
10	聞き手に期待するアクションを先に決める	34
11	伝えるべきコンテンツを洗い出す	36
12	ビジョンに立ち戻りコンテンツを選択する	38
13	AISASでシナリオを構成する	40
14	ストーリー作りのカギは接続詞	42
15	聞き手が疑問に思うことを先回りして肉付け	44
16	最後のスライドは最も長く表示される	46
17	厳選した9枚にまとめる	48
18	シナリオは数パターン用意する	50

Part 2 デザインする | Design

[全体構成]

| 19 | 資料作りは「全体→細部」がスマート | 54 |

20	デザインは、"らしさ"	56
21	プレゼンに深みを。"裏テーマ"	58
22	1スライドに1コンテンツ	60
23	シンプル？スカスカ？カギは密度感	62
24	タイトル画面に名前を入れる？	64
25	テンプレートは一長一短	66
26	見栄えは"あしらい要素"が決める	68
27	要素はこう置く。簡単にできるレイアウトテク	70
28	これで悩まない！カラー選択の基本	72
29	画面＝配付資料じゃない	74
30	背景は白！じゃなくていい	76

[文字 と 文 章]

31	文字は少なく、文章は短く	78
32	「文字は大きく見やすく」の落とし穴	80
33	「読めない小文字」で作る洗練感	82
34	タイトルは助詞を小さく	84

35	日本人に効く"英語マジック"	86
36	一周まわって手書きという選択肢	88
37	箇条書きを箇条書きしない	90
38	文字を記号で代用	92
39	数字は大きく、単位は小さく	94
40	文字レイアウト5選	96
41	文字間で印象をコントロール	98
42	行間で「可読性」をコントロール	100
43	手早くかっこいい1文字だけの色変え	102
44	重要ワードには色をつける、だけ？	104

[グラフと図]

45	定番円グラフをおしゃれにする	106
46	2要素だけの円グラフ	108
47	棒グラフは罫線を減らす	110
48	要素名が長い棒グラフは横置きに	112
49	グラフは「メインカラー＋グレー」	114

50	要素が多ければ、折れ線グラフ	116
51	地図＋グラフの説得力	118
52	図と線で描けるバブルチャート	120
53	インフォグラフィックス風のグラフはアイコンで	122
54	文字を囲む四角形、必要？	124
55	四角形の角は丸くなくていい	126
56	楕円形は使わない	128
57	超使える"小さな四角形"	130
58	矢印のバリエーションを持っておく	132

[写真と画面]

59	なにかと万能な地球素材	134
60	スライドに入れる写真の現実	136
61	インパクト重視の全面写真	138
62	文字情報と写真のいいとこどり、半面写真	140
63	半透明の四角形でスタイリッシュに	142
64	ひと手間かける価値アリの切り抜きテク	144

65	写真の色を変えておしゃれ感を演出	146
66	背景削除で写真をパーツ化	148
67	「重ねる」を積極的に	150
68	アニメーションはどう使う？	152
69	ストーリーが映えるビジュアル連続性	154
70	画面遷移で流れを演出	156
71	3Dと画面遷移で作るWow! 演出	158

Part 3 話す | **T**alk

72	人間の脳は「簡単なもの好き」	162
73	はじめに全体の流れを伝える	164
74	「書き言葉」ではなく「話し言葉」で	166
75	「〜ので」「〜たり」を減らす	168
76	専門用語は排除する	170

77	ゴールを伝えてアクションを促す	172
78	オープニングは「完璧」にする	174
79	主語を「あなた」にする	176
80	キーメッセージを繰り返す	178
81	聞き手が欲しいのは「機能」ではなく「利活用」	180
82	スライドの切り替えでつなぎ言葉を使う	182
83	自分の練習場所を作る	184
84	原稿を作って、捨てる	186
85	自分の主観を盛り込む	188
86	話の中に第三者を登場させる	190
87	抑揚って一体何？	192
88	間を取ることで「えー」「あー」を防ぐ	194
89	残り時間を案内して集中力を保たせる	196
90	話の区切りでまとめを入れる	198
91	アイコンタクトで聞き手の心を読む	200
92	「直立不動」と「左右に揺れる」はNG	202

93	デモンストレーションでは聞き手の視線を誘導する	204
94	世界のトレンド "会話するようなプレゼン"	206
95	リモコンの機能を味方にする	208
96	最高のエンディングを準備しておこう	210
97	質問にはその場で回答する必要はない	212
98	会場の環境を整えるのも大事な準備	214
99	プレゼン後はすぐに振り返って次に活かす	216
100	プレゼンって本来は楽しいものだ	218

あとがき ……… 220

part

1

Story
ストーリーを作る

プレゼンを作るには、まずは
シナリオを考えるところから。

Story 1 プレゼンは聞き手への贈り物

> 聞き手が喜ぶ顔を思い浮かべながら、何を準備しようか、考えを巡らすところから始めましょう。

▶ 考え方

なぜ「プレゼン」をするのでしょうか。

プレゼンというと、どうしても嫌なもの、苦手なもの、と感じてしまう人が多いです。

この原因は、目線がいつの間にか自分に向かってしまっているから。

プレゼンには、必ず聞き手がいます。

せっかくプレゼンをするなら、聞き手が喜ぶプレゼンがしたいですよね。そのためには、「どうしたら聞き手が喜ぶか」を考える必要があります。

これは、プレゼント（贈り物）と同じ。聞き手が喜ぶ顔を想像して、自分もワクワクしながら贈り物を考える。

まずはこの気持ちからスタートしてみましょう。

「自分目線」を「相手目線」に変換する

自分目線の気持ち → 相手目線の気持ち

「緊張する」

「誰か代わってくれないかな」

「怖いな」

「失敗したらどうしよう」

「何を話したらいいんだろう」

「ああ、準備が進まない」

「何を話したら、相手に喜んでもらえるかな」

「これを話したら喜んでくれるかな」

「聞いて良かったと思ってもらえるかな」

「また聞きたいと思ってもらえるかな」

「どんな反応をしてもらえるかな」

「ドキドキするけど、楽しみだな」

Story 2 目的は「ココロ」を動かすこと

[理想は、ココロを動かして聞き手に行動を起こさせること。]

▶ 考え方

プレゼンを考えるとき、情報を伝えることにばかり気をとられがちです。けれども、プレゼンのゴールは「情報をわかりやすく伝えて、理解してもらう」ことではありません。

プレゼンのゴールは、プレゼンを聞いた人に「行動を起こしてもらう」こと。そのためには、情報を理解してもらうだけでは不十分です。

理想のプレゼンを目指すうえで重要なポイントは、この3つ。

①話を聞くとワクワクする
②行動を起こしたくなる
③誰かに伝えたくなる

プレゼンを考えるときには、この3つの要素が含まれているかを必ず確認してみましょう。聞き手が心まで動かされて、すぐに行動を起こしたくなる！ これが理想のプレゼンです。

Story 3 情報紹介だけのプレゼンから抜け出せ

> 自分が伝えたいことを詰め込んで作ると、聞き手にとっては分かりにくいプレゼンになりがちです。

> 考え方

「今回のプレゼンでは、会社の説明と新商品の紹介とおすすめ商品の提案をしたい」

こんなプレゼンの作り方をしていないでしょうか?

自分が伝えたいことを詰め込んだだけのプレゼンは、往々にして聞き手にとっては情報過多。結果的に、「何が言いたいのかわからない」プレゼンになりがちです。

プレゼンの主役は聞き手。

常に聞き手を中心に伝えるべきことを考え、必要なトピックだけに厳選します。

最初のとっかかりとしては、必要最低限の要素でシナリオを構成していくことがおすすめです。そのうえで、伝えきれない部分があれば補足情報を追加していきましょう。そのときも、できるかぎりシンプルに。

例：会社の事業を紹介する場合

「自分の伝えたいこと」が ベースのシナリオ

「相手が主役」のシナリオ

自分の紹介がしたい	自己紹介	どんな取り組みの会社だろう？	会社を代表する取り組み
創業時の苦労を話したい	会社創業のきっかけ		
メンバーを知ってほしい	立ち上げメンバー紹介	どんなお客様がいるんだろう？	特徴的なお客様の例
会社を知ってほしい	会社概要（売上・従業員数）		
過去の実績を知ってほしい	受賞歴	どんなビジョンがあるんだろう？	会社が大事にしている考え方
事業内容を全て知ってほしい	事業内容詳細	どんな会社と協業したいのだろう？	協業を考える企業の方向性
設備を知ってほしい	会社設備紹介		
他との違いを知ってほしい	他社比較		

Part 1 ストーリーを作る Story

「誰に?」「何と言ってもらいたい?」

> シンプルながら強力な2つの質問。聞き手の目線を考えることで目的が明確になります。

▶ 考え方

プレゼンの内容を考えるとき、「目的」をシンプルに整理しておくことで内容のイメージがしやすくなります。

そのときにおすすめしたいのが、この2つの質問。

- 「誰に?」
- 「何と言ってもらいたい?」

これはコンセプトを考えるためのシンプルなフレームワーク。

この2つの質問のポイントは、「私が何を伝えたいのか」という自分中心の考えがスタートになっていないところ。プレゼンはあくまでも常に聞き手目線で。

あなたは今回のプレゼンを通して、誰に、何と言ってもらいたいですか?

例:採用イベントでの会社説明会

就活生

"この会社なら自分のやりたいことができそう!楽しそう!入りたい!"

↓ ↓ ↓

伝えるべきことは...

 どんなメンバーが働いているのか?

 この会社がどこに向かっていき、どんな人を求めているのか、どんなキャリアを歩めるのか?

 去年の新入社員の生の声
（何が決め手だったのか。当時持っていた不安は?
入社した後の印象はどうか。）

Story 5 ターゲットを具体化する

[聞き手はどんな人で、どんなことを知りたいのか。深く掘り下げるほど、プレゼンが上手くいきます。]

▶ 考え方

プレゼンは聞き手のために実施するもの。

こちらの都合で内容を決めるのではなく、聞き手のことを考え抜いて、調べつくして、「誰に」を明確にしましょう。

・聞き手はどんな人だろう
・日頃どんな行動や仕事をしているだろう
・なぜこのプレゼンを聞いてくれるのだろう
・聞き手がずっと悩んでいる心配事は何だろう

次に、その人のためにあなたが提供できるものを考えます。

・私はその問題をどうやって解決できるだろう
・聞き手にどういった行動を起こしてもらいたいだろう

このプロセスが、プレゼンを考える大切な下地になります。

プレゼンを考える順序

STEP 1
具体的な相手像を調べる

- ✓ 40歳前半会社員
- ✓ マーケティング部部長職
- ✓ 新しいマーケティング手段を知り、活かしたい
- ✓ ホームページからの新規契約を獲得したい

（今まではメールでアプローチしていたが反応が悪くなり別のアプローチ手段がないか悩んでいる）

STEP 2
解決策を提示する

▶ 新しいアプローチ手段が増えてきていることを伝える

▶ 効果の出やすい方法やツールを知ってもらう

▶ 弊社ツールを試してもらい、新規顧客の獲得を増大してもらう

Story 6

聞き手の課題は3つのカテゴリで書き出す

[プレゼンのシナリオ作成は、聞き手の悩みから落とし込むのがカギ。]

▶ 考え方

聞き手の課題を考えるといっても、慣れていないと難しいかもしれません。

そんなときには、この3つのカテゴリに沿って書き出してみましょう。

①聞き手が日頃から不安・不満に思っていること
②聞き手が解決したい悩みや問題
③聞き手が満たしたい欲求

これらに対して、あなたならどのように解決して、理想の将来像へと導くことができるか。

ここが具体的であればあるほど、より説得力のあるプレゼンのストーリーを作ることができます。

「聞き手の悩み」を**3**つの視点で書き出す

**聞き手が日頃から
不安・不満に思っていること**

朝の満員電車
仕事がつまらない
やりがいを感じない
残業が多い
給料が少ない
家族との時間が少ない

聞き手が解決したい悩みや問題

肥満
薄毛
職場環境
病気
家庭問題

聞き手が満たしたい欲求

モテたい
結婚したい
自由な時間がほしい
出世したい
お金がほしい
オシャレしたい

Story 7 情報と未来像をセットで考える

[情報を伝えるだけでは人は動きません。どのように将来が変わるのかを伝えましょう。]

▶ 考え方

プレゼンの最終的な目的が、「知ってもらう、理解してもらう」ことになってしまっていたら、要注意。

もちろん、理解してもらうことは必要。でもそれだけでは「わかった。それで？」と聞き手を情報の中に置き去りにしてしまいます。

大切なのは、「情報＋未来像」をセットにして、聞き手が「行動できる」ように誘導すること。

ここで意識するのは、製品の機能や違い、数値・データ、サービスの優位性などの「情報」を伝えるだけではなく、「魅力的な未来像」を描くこと。

聞き手の生活がどう変わるのか。聞き手の会社がどう良くなるのか。魅力的で具体的な未来が伝わってはじめて、人を動かすことにつながります。

魅力的な未来像を描こう

－家具商材の企画提案プレゼン－

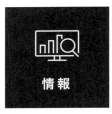

情報

> 旧製品に比べて、
> 10%の軽量化を実現しました。

未来像

> 子供でも持ち運べるほどの
> 軽量化を実現したことで、
> ダイニングのレイアウトを
> 気分次第で変えやすくなりました。

Story 8

「出発点」から「到達点」への行き方を示す

[プレゼンとは、聞き手を導くこと。スタート地点とゴール地点を明確にすれば、聞き手は迷いません。]

▶ 考え方

　最初に、聞き手が現時点で課題に思っているであろうことを「出発点A ＝ 課題」とします。

　そして、どう変わって欲しいかを「到着点B ＝ 未来像・ビジョン」とします。

　このAからBへ変化（CHANGE）するための解決策を伝えて「到着点に向かいたい！」というアクションを起こしてもらうことが、プレゼンの本質です。

　プレゼンのストーリーを構成するためには、A→CHANGE→Bという3点を線で結ぶイメージで考えます。

　大切なのは、プレゼンによって「聞き手に変化を起こしてもらう」という意識。

　あなたのプレゼンの出発点と到着点、そのために必要な変化を書き出してみましょう。

Story 9 一人歩きするキーメッセージを決める

> 内容のすべては覚えてもらえません。ひとつだけ、持ち帰ってもらいたいメッセージを用意しましょう。

▶ 考え方

あなたは、30分のプレゼンを聞いた後に、聞いた内容の何％を思い出すことができるでしょう？

どんなに優れたプレゼンターでも、聞き手に内容のすべてを覚えてもらうことはできません。

そこで、伝えたいことを一言でまとめた「キーメッセージ」を用意しておきましょう。

「今日のプレゼンは〇〇〇〇っていう内容だったよ」

人に伝えてもらうときに言って欲しいキーメッセージを決めて、積極的にプレゼンに盛り込み、それを何度も繰り返して伝えましょう。

あなたのプレゼンで伝えたいキーメッセージは何ですか？

キーメッセージとは？

＝プレゼンで伝えたい内容を一言でまとめたもの

ライザップ　コンセプト

結果にコミット

Apple　iPhone 発表イベント

電話を再定義する
Apple is going to reinvent the phone

サイボウズ　人事制度

100人100通りの働き方

トヨタ自動車　キーノート

自動車メーカーから
モビリティの会社になる

Part 1 ストーリーを作る　Story

Story 10 聞き手に期待するアクションを先に決める

> プレゼンを聞いて聞き手にどういったアクションを起こしてもらいたいか。それがプレゼンのゴール。

▶ 考え方

プレゼンが終わった後で、聞き手にどういう行動をして欲しいでしょうか。ただ内容を理解してもらっただけでは、アクションにはつながりません。

どんなプレゼンであっても、それを通して、聞き手にどんなアクションを期待するかを明確に決めておきます。そして必ず、具体的にアクションを促す内容を加えましょう。

この部分を丁寧に案内することが、より多くの聞き手の次の行動につながります。

アクションを促す

プレゼンの種類	アクション	アクションを促す情報
製品や サービスの紹介	契約	価格・ 申し込み方法
採用イベント	採用エントリー	エントリー方法
社内稟議	上司決裁	根拠のある数値

📢)) 例：アクションにつなげる最後のフレーズ

"この新サービスは **30日間無料** でお試しいただくことができます。

無料お試しはWebサイトから **メールアドレスを入力するだけ**。
お手持ちの **スマートフォンからも**。

気に入っていただければ、
1年間20%OFF でサービスを継続していただけます。

ぜひ今すぐお試し申込みしてください。"

Story 11 伝えるべきコンテンツを洗い出す

[プレゼンで話すコンテンツは、書き出してカテゴリ分けで整理。]

> 考え方

　ビジョン（未来像）、キーメッセージ、アクションが明確になったら、次はより詳細なプレゼンの中身を考えていきます。

　手書きでもPCでも問題ないので、コンテンツを洗い出していきましょう。ここでは最終的なアクションを念頭に置いて、できる限り多くのコンテンツを書き出します。情報収集や取材などが必要なコンテンツも含めて、まずは項目を出し切ってみましょう。

　出し切ったら、これらの項目をざっくりと大きなカテゴリでまとめていきます。カテゴリを細かく分けすぎるとまとまらなくなるので、5つ以下が目安。

　この時点では、まだスライドに落とし込む必要はありません。コンテンツを出し切る工程がきちんとできていることで、シナリオの組み立ての精度が決まります。丁寧に行いましょう。

例：自社の製品を案内する場合

STEP 1 コンテンツを書き出す

- 契約方法
- 他社比較
- 特許取得
- 価格
- 課題
- 機能
- メリット
- 未来
- 新サービス
- 市場背景
- 過去の課題
- 設定方法
- シェア
- 会社ビジョン
- 戦略

STEP 2 コンテンツをカテゴリに分ける

トレンド/現行サービス
- 市場背景
- 課題
- 機能
- シェア

会社ビジョン
- 未来
- 戦略

新サービス
- 過去の課題
- 新機能
- メリット
- 特許取得

利用・契約方法
- 契約方法
- 設定方法
- 価格

Part 1 ストーリーを作る Story

Story 12 ビジョンに立ち戻りコンテンツを選択する

[聞き手の頭にビジョンを描く、を軸にすればプレゼンはブレない。]

▶ 考え方

書き出したコンテンツから、プレゼンに盛り込む内容を取捨選択していきます。

よく「自己紹介は入れた方が良いですか?」「会社概要は入れた方が良いでしょうか?」といった質問をいただくことがありますが、これも聞き手目線で検討してみましょう。

その話をすることで、ビジョン(未来像)やキーメッセージが伝わり、聞き手がアクションを起こしやすくなるならば、ぜひ入れましょう。

常にこれを軸として考えることで、本筋からブレることのないプレゼンができあがります。「ただ、なんとなく盛り込む」「いつも入っている内容だから」ではなく、常にゴールから逆算して、情報を引き算していくことで内容が洗練されます。

コンテンツはビジョンをベースに考える

💭 自分が話せるコンテンツ

- 会社の売上情報（例：昨年の売上高）
- 自己紹介（例：自分もリモートワークをしている）
- 従業員の紹介（例：リモートワークをしているメンバー）
- 社内制度の紹介（例：在宅勤務制度など）
- 新製品の紹介（例：この夏リリースの新製品）
- 割引キャンペーンの案内（例：今買えば20%割引）

↓

 ビジョン

リモートワークで働き方をもっと柔軟に

 話すべきコンテンツ

- 自己紹介
- 従業員の紹介
- 社内制度の紹介

話さなくてもよいコンテンツ

- 会社の売上情報
- 新製品の紹介
- 割引キャンペーンの案内

Story 13 AISASでシナリオを構成する

[プレゼンは、購買行動とシェアを促すコミュニケーション。]

▶ 考え方

AISAS（アイサス）とは、電通が提唱する「ウェブを日常的に利用する消費者の購買に関する心理プロセス」です。

プレゼンは、この心理プロセスを集約化したものといえます。

Attention：注意＝商品やサービスについて知る
Interest：興味＝興味を持つ
Search：検索＝比較する
Action：行動＝購買行動をする
Share：シェア＝共有・拡散する

今まで洗い出したコンテンツを聞き手の心理プロセスに沿うように構成することによって、聞き手に期待するアクション、さらには情報のシェアにまでつなげていくことができます。

購入プロセスのフレームワーク

	認知段階	感情段階		行動段階	
	A Attention 注意	**I** Interest 興味	**S** Search 検索	**A** Action 購買	**S** Share 共有
コミュニケーション目標	認知拡大	評価育成	露出拡大	購入機会の提供	シェア機会の提供
プレゼンの要素	課題の共有 商品の紹介 市場背景	機能特徴 デモ 導入事例	シェア 導入事例 料金プラン 競争優位性	契約手順 お得なプラン お試し	コアメッセージ ハッシュタグ 紹介資料

Part 1 ストーリーを作る

Story

Story 14 ストーリー作りのカギは接続詞

> スライドを並べる順番に迷うときは「そして」「さらに」「一方で」などの接続詞を使います。

▶ 考え方

思いついた順番でスライドを並べてしまうと、実際に話したときに話が飛び飛びになって聞き手に上手く伝わらないことがあります。

そんなときは、スライドとスライドの間に「接続詞（あるいはつなぎの言葉）が自然に入るかどうか？」を意識してみましょう。

複雑なシナリオ、起承転結、といった凝った構成を考え始めると完成形が見えにくく、シナリオというものが難しくなりがちです。シンプルに接続詞を意識して順序を考えることで、プレゼンの流れが自然なものになり、結果的に一連のストーリーができあがります。

接続詞をイメージして考える

旧製品ではいくつかの
改善点が認められました。

今回の新製品では、それらの点を大幅に
強化しています。

2018年には過去最高の3000万人を
超える外国人観光客を迎えました。

観光がトリガーとなって、地方産業の
技術力が海外で再評価されています。

Story 15 聞き手が疑問に思うことを先回りして肉付け

聞き手の頭に浮かびそうな疑問を突き詰めることで、納得感のあるストーリーを作り上げます。

考え方

聞いていて「なぜ？」「本当に？」を多く感じるプレゼンは、聞き手にストレスを与えます。そこで、プレゼン中に聞き手が感じると思われる疑問を先回りして想定しましょう。

そしてこれらの疑問を解消する具体的な数字・調査結果などの情報を肉付けしていきます。

また、言葉だけよりも実物を見てもらうことで「なぜ？」「本当に？」は生まれにくくなります。製品動画やデモンストレーション、実際に使ってもらう体験などを取り入れることで説得力が増し、納得感のあるプレゼンに仕上げていくことができます。

聞き手のノイズになるような疑問を生じさせず、ゴールまで丁寧に聞き手をエスコートできるように、必要な情報を集めながらストーリーを作りましょう。

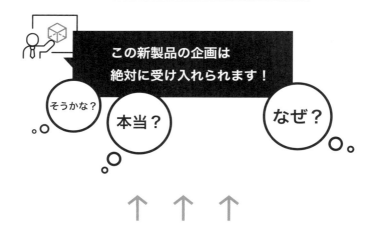

例：社内の企画提案の場合

この新製品の企画は絶対に受け入れられます！

そうかな？　本当？　なぜ？

疑問を想定して先回りして伝える

- 価格を市場平均より安く生産できる
- すでに実物が完成している
- リサーチの結果、ユーザーから高評価を得られている
- すでに全国の店舗で置いてくれると確約できている

Story 16 最後のスライドは最も長く表示される

[「聞き手が何を持ち帰るか」は最後のスライドで決まります。]

▶ 考え方

プレゼンで一番重要なのが、最後のメッセージ。

ここで、聞き手が行動するかどうかが決まると言っても過言ではありません。

そのため、プレゼンの最後にはビジョンやキーメッセージをまとめたスライドを用意して、聞き手にアクションを促す言葉と共に締めくくりましょう。

また、最後のスライドは、必ず長く表示されるために、聞き手の最後の印象に強く残ります。くれぐれも「ご清聴ありがとうございました」というメッセージだけのスライドにならないように注意しましょう。

最後のスライドはプレゼンの集大成。シナリオのゴールを意識して用意しましょう。

最後はメッセージとアクションを

最後のスクリーンは、聞き手に印象を植え付け、アクションにつなげる最後のチャンス。
しっかりと作り込むためには、最初に最後のスライドを作るのもおすすめ。

Story 17 厳選した9枚にまとめる

[エッセンスを厳選したシンプルなプレゼンを用意して、フレキシブルな時間調整を。]

考え方

何度か話したことがあるプレゼンであっても、与えられる時間によって話す内容の調整が必要になることがあります。

たとえ5分のプレゼンでも30分のプレゼンでも、ビジョンとキーメッセージ、期待するアクションさえ意識できていれば、根幹となるストーリーは同じ。

PowerPointやKeynoteでは、A4に9枚のスライドを並べて印刷することができます。この機能を使って、あなたのスライドのベスト9を選出してシンプルにプレゼンができる状態を作っておきましょう。

優先して伝えるべき内容の取捨選択ができていれば、所要時間に合わせて、その他のスライドで情報を補足しながら、全体のプレゼンを簡単に調整しなおすことができます。

もしも9枚を厳選できないときは、まだ情報がまとまっていないのではないか、と疑ってみてください。

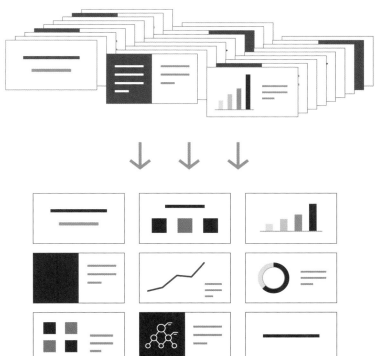

9枚を抽出してシンプルにプレゼンする場合も、「ストーリー作りのカギは接続詞」(p.42)の考え方を使ってつながりを意識するとやりやすい。

Story 18 シナリオは数パターン用意する

[聞き手や所要時間、人数などに合わせて、数パターンのシナリオを用意しておくと臨機応変に対応できます。]

▶ 考え方

シナリオは、必ずしも一つにする必要はありません。対象や所要時間、人数などに合わせて、数パターンのシナリオを用意しておくと、臨機応変に対応できるようになります。

たとえば、さまざまな業種のお客様が混ざっている場合は、業種ごとに参考になる事例のスライドを多めに用意しておき、聞き手が求める業種に合わせて、スライドを選んで紹介する、といったことはよく使う手法です。

他にも、経営者向けと従業員向けなど対象により抱えている課題も様々です。また、こちらが想定した聞き手の課題と、聞き手が実際に聞きたかった内容にズレが出るということは、どうしても起こりえます。

こういったときでも、臨機応変に対応できるように、あらかじめ想定できるパターンを考慮し、複数のシナリオを用意しておくと、聞き手のためのプレゼンをしやすくなります。

事例のスライドは複数パターンを

シナリオを1つしか用意してないと...

製造業の事例はないの？

ないです...。

複数のシナリオを用意しておけば...

製造業の事例はないの？

ございます。
こちらが製造業での
実際の活用事例です。

事例紹介なら業界別、製品提案なら別案 / 別カラーなど、考えられるパターンをあらかじめ用意しておくことでその場でスマートに説明ができます。

Design

デザインする

ストーリーを伝える
デザインの作り方。

全体構成 ... 54
文字と文章 ... 78
グラフと図 ... 106
写真と画面 ... 134

Design 19 資料作りは「全体→細部」がスマート

[大枠を決めて、徐々に細部を詰めていく。スマートで効率よくプレゼン資料を作成するためのプロセスは3段階。]

▶ 考え方

①スライドに一言

　シナリオ作りで絞り込んだ内容に沿って、まずはスライドに一言を書いていきます。これだけで全体像が見渡しやすく、作成時間の目途がつけやすくなります。レイアウトは気にせずにとにかく一言だけをどんどん書いておくのがコツ。入れ替えは作りながらやっていけばOKです。

問いかけ	提案内容	デモ

②コンテンツ配置

　プレゼンの中身を配置します。1枚のスライドだけに極端に時間をかけすぎないようにまんべんなくが理想。社内プレゼンのようにスピードが求められる場合はここまでで完成としてもOK。

③デザイン調整

　全体のデザイン要素や装飾パーツも含めた作り込み。対外的に「見せる」必要があるケースではここにもきちんと時間を。

　実際は②にも③にもいろんなニーズや段階が存在するもの。ここからのデザイン編では、どの工程でも簡単に取り入れられるテクニックをまとめました。

Design 20

デザインは、"らしさ"

> プレゼンのスクリーンデザインでは、一目見たときに聞き手が納得できるような"らしさ"が重要。

▷ 考え方

デザインには色々な定義がありますが、プレゼンに関して言うなら、大切なキーワードは"らしさ"。聞き手が素直に「うん、これこれ」と感じられる画面が表示されていることです。

数値では測りにくい要素ですが、心理的な親和性の演出が「伝わる」のカギ。

"らしさ"の作り方は、連想ゲーム。たとえば「エコ」がテーマなら「グリーン」「水」「地球」。AIなら、「デジタル」「コンピュータ」「サイバー空間」といったように、誰もがナチュラルに思いつく最大公約数の要素をデザインに取り入れます。

この"らしさ"の演出は、素材写真1枚の話ではなくて様々なデザイン要素のコンビネーションです。一度に色々なテクニックを入れ込まなくてもいいので、取り入れやすいものから試してみましょう。

文字を読まなくても
おおまかなジャンルが
自然に頭に思い浮かぶのが
"らしさ"。

ITの内容であれば
写真よりもこうした
グラフィック素材を
使うと"らしさ"が増す。

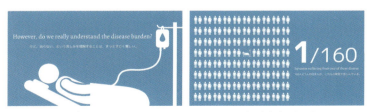

医療系のプレゼンでピクトグラムを使い、カラーリングも清潔感のあるもので
"らしさ"を演出した例。グラフ表現もピクトで統一。

Design 21

プレゼンに深みを。"裏テーマ"

> あの人のプレゼンは何か違う。そんな心惹かれるプレゼンには、裏テーマが隠されていることも。

▶ 考え方

プレゼンには、シナリオがあってスクリーンのデザインがあって、というのがセオリーですが、実はもう一段深みを出すために使われるテクニックが、"裏テーマ"。

これは作り手だけが分かっている裏設定のこと。前ページの"らしさ"のように、誰でも理解できる直接的な連想とは別の、間接的なデザイン要素です。

連想から派生するサブ的なものでもよいし、「実はこういう意図がある」というプレゼンの本質に関わるものを使うことも。プレゼンテーションにオリジナリティやユーモア、奥行きを生み出す秘密はこれです。

プラスα

プレゼンの最後に、「実はこのデザインにはこんな意味が」と種明かしをして、質疑応答時の活性化に利用することもできます。

環境保護に関するプレゼンで。
「森」=「3つの木」なので
「3」を裏テーマとして
どのスライドも
常に3つのポイントで
まとめるように構成。

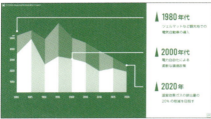

医療用の血液測定機器の
プレゼンで、
いびつにゆがんだ形が
ところどころに。
実はこれはヘモグロビンの
イメージ。

Design 22
1スライドに1コンテンツ

> 1スライド1コンテンツ、1メッセージ。とにかく少なければ聞き手フレンドリー。

▶ 考え方

1スライドにたくさんの情報をギュッと詰め込んであるプレゼンは、いわば幕の内弁当。目の前にすべてが揃っているので安心感はありますが、印刷資料向きです。

このようなスライドにしてしまうと、ストーリーの「流れ」を把握しにくかったり、驚きを演出しにくかったり、聞き手のプレ

詰め込んだスライドと、究極までコンテンツを絞ったスライドの対比。
極限まで絞ると文字すらなくなることも。

ゼンへの没入感が欠けてしまうデメリットも。

　より「伝える」ということに焦点を絞るなら、詰め込まれた要素を分解して1スライドで1コンテンツに。コース料理のように、聞き手の目の前に一品ずつ出していくことをイメージします。

　また、よく練られたプレゼンはクリックの回数が多くなるのが通例。プレゼンターが聞き手の反応を見ながら画面をコントロールしてプレゼンを進めるからこそ、プレゼンの相乗効果が高まります。

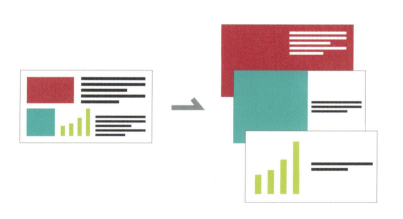

Design 23 シンプル？ スカスカ？ カギは密度感

[コンテンツを絞ったら今度は画面がさびしくなった。そんなときに意識するのは画面の"密度感"です。]

▷ 考え方

がんばって要素を絞り込んで画面に配置してみたら、見ようによってはシンプル、だけどなんだかスカスカしてさびしい感じがする、というのはよくあること。

そしてこういうときに最も怖いのは、絞り込むのに労力を使ったにもかかわらず、ただの手抜きに見えてしまうこと。

しばしば「シンプルがベスト」と言われますが、必要な文字だけをポンと置いても知性や品位を感じるスクリーンにはなりません。実は「作り込んだシンプル」というのが正解。

――― プラスα ―――
余白は「やみくもに隙間をあけること」ではなくて「密度感をコントロールすること」と覚えておくと考えやすいです。

画面の端に小さな文字、タイトルは日英併記で四角を使ったアクセントを追加。「『読めない小文字』で作る洗練感」(p.82) や「日本人に効く"英語マジック"」(p.86)、「超使える"小さな四角形"」(p.130) も参照。

Design 24

タイトル画面に名前を入れる?

> トップの画面に名前を入れるのは当然……ではありません。
> 必要に応じて、がスマートです。

▶ 考え方

プレゼンの最初のトップ画面に、

- ・プレゼンタイトル
- ・自分の所属と肩書
- ・自分の名前

が書かれているパターンを多く見かけます。もちろん、このままデータを配付資料にする場合ならOK。ですが、常に名前を入れるのが正解ではありません。

配付も想定して
トップに名前を入れた例

たとえば、イベントやカンファレンスでのプレゼンでは、トップ画面はキービジュアルとタイトルだけにして次のスライドを自己紹介に、と2枚に分けてしまうのがスマートな手法。

　また、聞き手に個人名を伝える必要がないときには名前や自己紹介を完全にカットすることも。「1ページ目には会社名と肩書と名前」と杓子定規に考えず、プレゼンの内容とケースに合わせて柔軟な選択を。

トップ画面は
イメージ優先で
タイトルのみとして、
自己紹介を
2スライド目に分けた例

Design 25 テンプレートは一長一短

[プレゼンを作るときに誰もが使うテンプレート。ですが、使いすぎにはデメリットもあります。]

▷ 考え方

　テンプレートを使えばすべてのページで共通した仕上がりになるので、本のように整然とした美しさを出すことができます。まさしくプレゼン「資料」といった趣です。

　ただし、聞き手にとっては10スライド目くらいからすべてが同じスライドに見えてしまって、記憶に残りにくい、という大きな欠点が。写真やイラストだけで変化をつけようとするあまり、かえって素材準備が大変になることもしばしばです。

　実は、「伝える」「記憶に残す」という観点ではスライドごとのデザインに変化をつける方が聞き手の集中力を保つことにつながります。

　とはいうものの、日本のビジネスシーンではランダムさよりも統一が好まれる傾向が強いので、プレゼンの用途や聞き手に合わせて選択を。

古典的なスタイル
PowerPoint の古典的なテンプレートでは、タイトル部分など文字はかなり大きめ。

企業の場合
企業のテンプレートは、上にタイトルの帯、下にコピーライトとスライド番号の帯、というスタイルが多い。

海外の場合
日本のテンプレートに比べて海外のテンプレートは文字が小さくなる傾向に。

Design 26 見栄えは"あしらい要素"が決める

[あしらい要素があれば、プレゼン資料に「統一感」と「変化」が生まれます。]

▶ 考え方

　プレゼンのデザインというと多くの人が「文字、写真、イラスト」のことを考えてしまいがちです。しかし実はもっと簡単で手軽なものが基本。それが"あしらい要素"。

　これは写真やイラストなどの情報パーツとは別の「第三の要素」です。いわば、プレゼンごとのロゴマークだと考えてみてください。

　このあしらい要素は、複雑なものではなくてシンプルな形状でOK。これを大きくしたり、小さくしたり、透明度や角度を変えたりしながらすべてのスライドに使用します。スライドごとに変化をつけて聞き手の注意を引き続けると同時に、同じ形が最初から最後まで使われることによってプレゼンテーションの「世界観」を印象づけることができます。

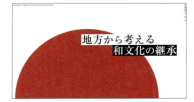 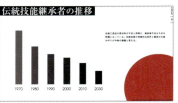

p.56で紹介した"らしさ"の考え方でシンプルな連想ゲーム。日本がテーマなら「赤い丸」。エコなら「緑の三角」。海は「波線」、デジタルは「ドット」、ファッションなら「ストライプ」。p.58で紹介した"裏テーマ"を表現する要素として使ってもOK。

シンプルな図形でも組み合わせ次第で無数のバリエーションが可能。2つの図形を組み合わせてもいいし、手書きしたものを写真に撮って使うのも有効。

要素はこう置く。簡単にできるレイアウトテク

> 要素の配置にはいくつかの定番パターンが。これだけで、シンプルでセンスの良い資料が簡単に作れます。

あしらいのようなサブ的な要素は、スライド内にポツンと置くだけではありきたり。定番のレイアウトパターンを5つ紹介します。

定番の中央
タイトルページなどに。

たくさん配置
複数配置して、ぼかしと半透明で遠近感を作り出すと画面に奥行きが。アジェンダ画面などに向いています。

思い切って大きく

背景を埋め尽くすほどに大きくレイアウトすることでインパクトを。図形によっては傾けてみるのもおすすめです。タイトルページや章タイトルに。

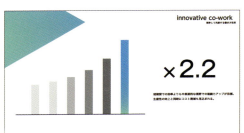

画面からはみ出す

大きくするのと似ていますが、コンテンツに重ならないようにあえて画面からはみだすレイアウト。スクリーンの外側まで世界観が広がるような演出になります。

画面の端

小さく端だけにさりげなく配置。コンテンツの内容が多い場合などに使うとスマートな印象でまとめられます。

Design 28 これで悩まない！カラー選択の基本

> 色は使いすぎない、3色まで、様々なルールがある中での選び方はこれ。

▶ 考え方

色は多くしすぎない方がまとまります。

とはいえどうやって決めたらいいのか悩むもの。最もスピーディーな選び方は、

①メインカラーを1色
②グレーのグラデーションを3、4色

たったこれだけ。とても簡単です。メインカラーは企業のブランドカラーを使うことも多いです。

ポイントはグレーの使い方。文字色として黒を使う方が多いのですが、黒ばかりでは画面に圧迫感が出てしまいます。グレーを組み合わせて使うことでほどよい抜け感のある仕上がりに。タイトルは濃いめのグレー、文章は一段薄いグレーを使うときれいに仕上がります。

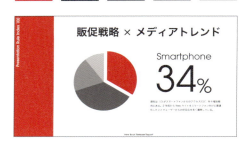

メインカラーは単色ではなく、
グラデーションの場合も。
グレーは文字だけでなく
グラフにも使うと効果大。

写真をキーカラーのトーンに
なるように加工することで
プレゼンテーションの
世界観にまとまりが。

「写真の色を変えておしゃれ
感を演出」(p.146) も参照。

Design 29 画面 = 配付資料 じゃない

[スライドと配付資料を別々に用意するとプレゼンテーションの効果は高まります。]

▷ 考え方

スクリーンの画面をそのまま紙に印刷して配付資料にするケースがありますが、これは「伝わらないプレゼン」になってしまう原因のひとつ。

- スクリーン＝内容を印象づけて記憶してもらうための「トリガー」
- 印刷物＝後で読み返したり、検討材料にする「資料」

と、根本的な用途が異なるからです。ひとつのファイルを両方の目的に使おうと横着をすると、どちらの用途にも中途半端なものができあがってしまいます。

それぞれを別に用意するにはもちろん時間と手間がかかりますが、これは「伝わる」プレゼンのために必要なプロセス。どちらもきちんと準備しておくことでプレゼンテーションの効果が飛躍的に高まります。

スクリーン用のデータと、配付資料を分けて作成した例。配付資料はプレゼンの場に出席していない人にも資料として読んでもらえるように、意図的に文章量を多く。別々に作成することで、配付資料が少ない印刷枚数に収まるのも、ビジネスシーンでは効果的。

背景は白! じゃなくていい

「背景は白」という固定観念から離れるだけで、差別化された印象的なスライドが作れます。

考え方

多くのプレゼンアプリやソフトでは、スライドの初期設定の背景色が白なので、「背景色は白、文字色は黒」としてしまいがち。

しかし、背景色はプレゼンテーションのデザインの中で最も大きな面積を占める部分。ここをオリジナリティのあるものにするだけで、プレゼンの会場全体の雰囲気を大きく変えることができます。

ブランドカラーのゴールドを活かすために背景をダークな色合いにした例。

1色でなくてもいいので、例えば画面を斜めのツートンに切り分けるとスタイリッシュな印象に。

背景はベタ塗りだけでなく、テクスチャ画像にしても映える。
派手な画像よりも、木や和紙などパターンが控えめなものの方が、
コンテンツが映えるのでおすすめ。

プラスα

Preziのように背景画像にパララックス効果が適用されるソフトを使えば、浮遊感のあるプレゼン画面を演出できます。

Design 31 文字は少なく、文章は短く

> 文字を詰め込んでも聞き手には届いていません。文字数の絞り込みに使える2つのテクニックです。

▶ 考え方

①助詞のひらがなは、できるだけ少なく。1文字がベスト。

　×「本年度に達成した売上の推移」
　○「本年度売上の推移」

②削れないときは下線を引いてみる。

　「ユーザーからのリクエストに応え、特にサブメニュー周辺の<u>UIを刷新して操作性を向上した</u>」
→「UIの刷新による操作性の向上」

　長い文章の中でどこを削ろうか、と考えてもなかなか上手くいきません。自分が書いた思い入れのある文章ならなおさらです。そこで、強調するところに下線を引くというプロセスを一段階入れると絞り込みがしやすくなります。

タイトルと文章を絞り込むと、スクリーンがすっきりして聞き手からの視認性が上がります。
文章内に数字が含まれる場合は、そこに着目して文章を削ると効果的に文字量を減らすことが。

基本は短く、ですが、裏技としてあえてタイトルをちょっとだけ長めにして
メッセージ性を高める効果を狙うケースも。

Design 32

「文字は大きく見やすく」の落とし穴

> 「スライドの文字は〇〇pt以上に!」と言われますが、全ての文字を大きくしてしまうと逆に読みづらくなります。

▶ 考え方

プレゼン制作のガイドで必ずと言っていいほど言われる文字のサイズ。〇〇pt以上、という明確なガイドラインがあるものもあります。

もちろん、大きな文字で可読性を上げておくのは必要なことですが、すべての文字をめいっぱい大きくしてしまうとなんだか知性の感じられないスクリーンに。

ここで大切なのは文章や文字の上下左右の余白。文字が多少小さくても、適度な空間を作ることで読みやすくなるうえ、余裕のあるスマートな印象を持たせることもできます。

プラスα

一昔前に比べて格段にプロジェクターの性能が上がった昨今では、文字サイズがある程度小さくてもくっきりと見えるようになっています。

文字を最大限に
大きくするのではなく、
余白を設けると
プロっぽい仕上がりに。

余白は簡単なようで
奥が深い要素。
文字のまとまりを
ブロックと考えて、
ブロックの周りには必ず
"見えない枠がある"と考えると
レイアウトしやすいです。

Design 33
「読めない小文字」で作る洗練感

[プレゼンの「絶対タブー」である小さすぎて読めない字。
でもこれ、使ってみましょう。]

▶ 考え方

　読めないくらい小さな字なんて、プレゼンには必要ない——もちろん内容だけを考えたらその通り。

　ですが、ここで小さな文字を使う理由は「情報伝達」ではありません。プレゼンのスクリーンの「印象操作」です。

　ひとつの画面内に、大きな文字と小さな文字が配置されていることでレイアウトにメリハリができ、スクリーンに「スマート」「緻密」「洗練」といった印象を持たせることができます。

　このテクニックで使う小さな文字は、画面の密度感をコントロールするための「デザインパーツ」。読めなくても"らしさ"が出ればOKです。

プラスα

「デザイン」というとどうしても写真やイラストを探してしまいがちですが、文字だけでも立派なデザインを構成する要素になります。

必要最低限では、簡素になりがち。

ハッシュタグはおしゃれで現代っぽさを演出できる。

読めるかどうか、はあえて考えなくて OK。「部品」としての効果を。

Design 34 タイトルは助詞を小さく

「タイトルは〇〇pt！」と決めつけずに、1行の中でも文字によってサイズに強弱を。

🔽 考え方

スライドの中で最も目立つ文字がタイトル。目立つからこそ文字サイズにはこだわってみましょう。

このテクニックはシンプルで、「と」「の」などの助詞を一回りか二回り小さくするだけ。

わずかな違いですが、タイトル部分の可読性が上がるというメリットに、スクリーンに「きちんと手を入れている」という好印象も加わります。

ちょっとしたひと手間で洗練された印象になるコストパフォーマンスが高いテクニックです。

プラスα

バリエーションとして、ひらがなをすべて一回り小さくする、というケースもあります。これはお好みで。

モバイル決済の普及率

ヒラギノ角ゴ ProN

日本と東欧

HGS 創英角ゴシック UB

デザイン思考のマネジメント術

M+2p

処理するのは 1 文字だけなので、比較的簡単。
PowerPoint なら A ボタンをクリックするだけと簡単です。

Design 35

日本人に効く "英語マジック"

[日本語だけよりも、英語だけよりも、両方を併記することで
増してくる "らしさ"。]

▶ 考え方

外国語は見る人に色々な印象を与えますが、その多くは「知性」「スマートさ」「信頼感」など、好意的なものが多いです。

たとえば日本語だけのタイトルに、英語を併記してみましょう。コツは文字のサイズに思い切って強弱をつけること。

たったこれだけで、知的で洗練された印象が加わります。日本語とアルファベットの組み合わせは良いコントラストになるので、画面の引き締め効果にも。

英語にこだわる必要はないので、フランス語、中国語、ロシア語、アラビア語など、プレゼンの内容や自分の使える語学の知識と合わせて、楽しんでやってみましょう。

プラスα

逆のパターンで、英語圏でのプレゼンにあえて漢字やひらがなを混ぜる「日本語マジック」を使うこともあります。

日本語に英語もプラス。片方の文字サイズに極端なくらい差を設けるとおすすめ。
日本人向けには英語が大きい方がスタイリッシュに映りやすい。

タイトルの直訳ではなく、もう一歩本質に近い内容をサブとして添えるとスクリーンに深みが。

一周まわって手書き という選択肢

[OHPシートで手書きをしていた世代の方、今や手書きの方 が「おしゃれ」かもしれませんよ。]

▶ 考え方

　もともとPowerPointがセンセーショナルだったのは、「手書きじゃないきれいな文字が画面に映る！」という点でした。ですが現代においては、手書きのオリジナリティはプレゼンのデザインにおいてとてもいいアクセントになり得ます。

たとえば、タブレットやスマホで指で書いた文字を画像化してプレゼンの編集画面に貼り付けてみます。タイトルなどのワンポイントだけでOK。

　手書きだけで仕上げようとせずに、手書きとテキストボックスの文字を組み合わせるのがポイント。ナチュラルな手書きの線とかっちりしたコンピュータ上の文字のコンビネーションが雰囲気のあるスクリーンを作ります。

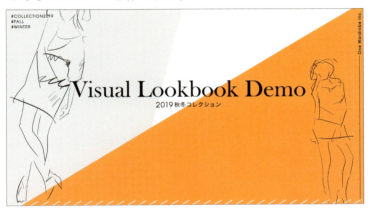

　簡単な線画のようなイラストでも、タイトルテキストや背景色と組み合わせるとおしゃれな印象を演出できます。

> ＼　プラスα　／
>
> 手書きのものを取り込むには、紙に書いてスマホで撮る、またはタブレットのペイントアプリで書いてPNG形式で保存、が簡単です。

Design 37

箇条書きを箇条書きしない

[プレゼンの定番、箇条書き。これを箇条書きにしなかったら、どうなるでしょう？]

▶ 考え方

　プレゼンで最も多く、そして世界中で誰もが使っているのが箇条書き。ですがこの箇条書き、一定以上の距離から見るとすべてが横一列の縞模様に見えるだけで聞き手の印象に残りにくい、という致命的な欠陥が。

　こんなときは、箇条書きをブロックにして並べてみましょう。「ひとつの画面に複数の要素を並列でレイアウト」という基本構成は変わりませんが、これだけで大きく印象が変わります。

　さらにもう一歩進めて、ここにアイコンを加えると非常に効果的。箇条書きの新しい形、試してみてください。

プラスα

Office365やPreziではプリセットのアイコンの選択肢も増えているので、ネットで探す手間をかけずにアイコンを挿入できます。

2020年新卒採用に向けた人事制度リノベーション

- 人事評価の不公平感をなくす360°評価の導入
- 新卒一括以外のキャリア採用枠の増加・再考
- 管理職だけではないキャリアパスの多様化
- 選択できる勤務場所で働きやすい環境をつくる

通常の箇条書き
よく見かける箇条書きだが印象に残りづらい。

2020年新卒採用に向けた人事制度リノベーション

| 360°評価 | キャリア採用 | 多様な選択肢 | 自由な環境 |

ブロックを追加
文字を絞って箇条書きをブロックに。これが「箇条書きを箇条書きしない」の基本。

2020年新卒採用に向けた
人事制度リノベーション

| 360°評価 | キャリア採用 | 多様な選択肢 | 自由な環境 |

アイコンを追加
さらにタイトル部分もすっきりさせることで、4つの要素に目が行くようになります。

Design 38

文字を記号で代用

[記号を積極的に使い、表紙タイトルを"らしく"見せるテクニックです。]

▶ 考え方

　プレゼンの表紙スライドは比較的長時間表示されることもあり、タイトルの文字列はできるだけ印象的に仕上げておきたい部分。このときにおすすめなのが、文字の代わりに記号を使うテクニックです。

　特に代用しやすいのは、「〜と〜」のような並列の場合。

　こんなときは、ひらがなの「と」の代わりに「×」や「＋」を使うとスタイリッシュにきまります。

　テキストで「ばつ」や「ぷらす」と書いて変換するだけでもいいですが、罫線や四角形を組み合わせて作ると、大きさや太さ、細さのバランスの調整ができるのでより印象的なタイトルにすることができます。

グローバル化＋リーダー育成
人事制度の AI 活用を考える

「と」を「＋」に置き換えるだけで対比される用語が浮き上がる。

「×」は大きく使ってダイナミックにレイアウトする。

「＋」はあえて重なりを作るとよりグラフィカルな表現に。

「÷」や「何分の何」「〜の中の〜」といった表現は、スラッシュでスタイリッシュに。

Design 39 数字は大きく、単位は小さく

[どのプレゼンでも重視される数字。これを印象的に聞き手に見せるテクニックを覚えておきましょう。]

▶ 考え方

　数字は何より説得力を持つ要素ですが、これをより印象的に見せるルールは、「数字は大きく、単位は小さく」です。

　数字と単位が同じサイズだと、視覚的には単位の方が大きく見えてしまい、数字に目が行きにくくなります。

　そこで、数字をぐっと大きく、そして単位は少し小さめにしましょう。これでバランスよく、伝えるべき数字を目立たせることができます。

　単位だけでなく、小数点以下の数字を小さくするなど、重要度の低い要素を小さくすることもあります。ただし、比較するべき2つの数字のサイズに強弱をつけるような、データの公正さを意図的に損なうサイズ変更は避けましょう。

40%

最軽量
583g

12月24日

単位だけでなく、
日時の表記の際も
「月」「日」を小さく。

グラフと組み合わせると効果大。

Part 2 デザインする

Design

Design 40

文字レイアウト5選

> ワンパターンになりがちな文字レイアウトも、ひとひねりするだけで、全く別の印象が生まれます。

▷ 考え方

プレゼンでは何よりも基本的な要素である文字。文字のレイアウトのテクニックとして使いやすいものをピックアップしてみました。

ベーシックに中央
定番だからこそ、
大きさやフォントには
特に気を使いましょう。

左寄せ
左右のどちらかに寄せる。
これもよく使われる
レイアウト。

極端に大きな文字
ダイナミックでインパクトの
ある印象に加えて、
個性的なスクリーンとして
演出できます。

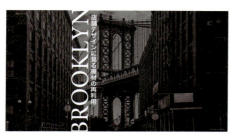

90度傾ける / 縦書き
手軽でおしゃれに見えます。
縦書きの文字文化のない国の人
には縦書きの文字組みが
"クール！"と感じてもらえる
ことも。

斜めに傾ける
傾けると同時に
画面からはみ出すように
レイアウトすると躍動感が
増します。

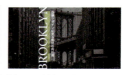

レイアウトにもうひと手間加えることで、さらにそれらしいスクリーンに。

Design 41 文字間で印象をコントロール

> ギュッと詰まった文字間がデフォルトですが、ここをコントロールできると見栄えに差が出ます。

> 考え方

どのプレゼンアプリでも、初期設定では文字間が詰まっています。そのまま使えば、ギッシリ感があるため、力強くインパクトのある印象に。

一方で、文字間を広げることで、余裕や高級感といった印象が生み出せます。また、やや広げた文字間には、すっきりとして読みやすさが増す効果も。

文字間は好みに左右される部分も大きく、一般にビジネス向けは詰まり気味が好まれ、クリエイティブなシーンでは広めになる傾向があります。

常に初期設定のまま使うのではなく、プレゼンテーションの用途に合わせて文字間を調整する、というオプションも検討してみましょう。

人材育成と組織デザイン

人材育成と組織デザイン

たかが文字間ですが、これだけで印象に大きな差が。
聞き手の好みや用途にあわせて使い分けを。

文字間を開き気味にしたテキストは、印象的な素材と組み合わせることで
メッセージ性を持つスクリーンに。

Design 42 行間で「可読性」をコントロール

[文字間と合わせて気をつけたいのが行間。両者のコンビネーションで可読性が決まります。]

▶ 考え方

行間も文字間と同じく、デフォルトのままだとギュッと詰まっています。ここも好みではありますが、デフォルトよりも少し広めにすることで読みやすく、印象的に。

また、読みやすさだけでなく行間の設定の仕方で聞き手に伝わるスクリーンの印象は大きく変わります。

一見地味な設定なので多くの人がデフォルトのまま使ってしまっていますが、プレゼンの用途に合わせて行間にも気を配ることができればかなりの上級者です。

プラスα

文字間を開き気味にしているのに行間の設定をしないままだと読みづらくなってしまいます。両者はセットでバランスをとりましょう。

デフォルトの
詰まった行間は、
非常に事務的な印象。

少し広げて可読性を確保。
文字の改行位置にも
気を配ると読みやすく。

思い切ってもっと広げて
雑誌風に。

常にデフォルト設定が正解
ではないので、勇気をもっ
て変更するとさまざまな
表現が可能に。

Design 43
手早くかっこいい 1文字だけの色変え

> タイトル部分などでちょっとスパイスを効かせたいときは、
> 1文字だけ色を変えてみましょう。

▶ 考え方

タイトルの最初の文字や、あるいはコンテンツの内容に関わる印象的な1文字だけ色を変えると、それだけでスクリーンを引き締めるアクセントに。

「重要ワードに色をつける」というのをやってしまうとダサくなるので、あくまで1文字だけさりげなくというのがポイント。簡単な変化で見栄えがぐっとよくなります。

変更時にはメインカラーを使えば全体でのトーンの統一も図ることができます。目立たせたいからといって全然関係のない色を持ってくると散らかった印象になってしまうので注意しましょう。

プラスα

英語併記のときは、英語の1文字だけを変えてしまうのもおしゃれに見えます。

文頭の1文字を色変えするベーシックな方法。

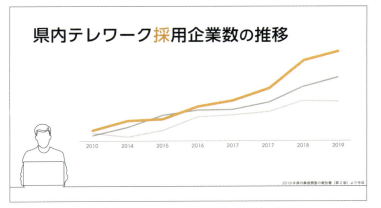

途中の文字にグラフと同じメインカラーを使うことで統一感を演出。

重要ワードには色をつける、だけ？

「重要ワードの色を変える」以外の方法で、変化を持たせられれば、ワンランク上のスクリーンへ。

> 考え方

重要なワードに色をつけたくなったら、「文字量を十分に絞り込めていないのではないか」と疑います。「文字は少なく、文章は短く」(p.78) の考え方です。

これを十分に検討したうえで、それでもさらに特定のワードを強調したいとき、文字色を変えるだけではありきたりになりがち。こんなときの強調のバリエーションを覚えておきましょう。

- 人事評価の不公平感をなくす **360°評価の導入**
- 管理職だけではない**キャリアパスの多様化**
- 新卒一括以外の**キャリア採用枠の増加・再考**

下線を引く、濃いピンクや紫のような目立つ色をつける、赤い枠線で囲う、というのは
見づらくなったり趣味が悪いスクリーンになるのでおすすめしません。

自由度の高い WORK STYLE

フォントを変えたり、あるいは手書きにするとインパクトが。

選択できる勤務場所で働きやすい環境をつくる

文字の下にブラシでペイントしたような素材を置くと
ナチュラルな印象で強調が可能に。

選択できる勤務場所で働きやすい環境をつくる

ソリッドな印象にしたいときはテープのような四角形を置くとモダンな印象に。
四角形は少し小さくしたり、ずらして配置するパターンも。

企業と社員の "働き方改革"

" "で囲むテクニック。
テキストボックスを別にして、サイズを大きく色合いを薄くしたものを
後ろに重ねると強調効果アップ。

定番円グラフをおしゃれにする

[いつもの円グラフも、わずかな手間で印象を変えることができます。]

▷ 考え方

　よく利用される円グラフ。しかしながら、グラフ機能のデフォルトのままではなかなか「伝わる」ものになりません。

　文字部分は自動で入るグラフ機能のものは消してしまい、個別にテキストボックスで配置する方が自由度が高くてスムーズ。また、色数は少ない方が、聞き手にはポイントが明確に伝わります。

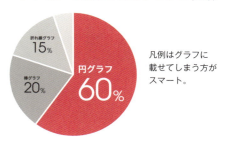

プレゼンで利用されるグラフの種類

凡例はグラフに載せてしまう方がスマート。

グラフおしゃれ化テクニックとして、図形機能で背景と同じ色の円を作って、円グラフの中央に配置する方法があります。これで中央が開いたドーナツ型のグラフに。

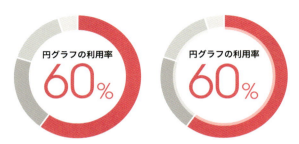

ドーナツ型のグラフ機能を使うよりも、図形の「円」を重ねる方が手早く処理できておすすめ。右の例は中央に大きさをわずかに変えた円を2つ配置し、大きい方を半透明にして立体感のあるような見栄えに。

思い切って細くしてしまうのもあり。よりスマートな印象に。

Design 46

2要素だけの円グラフ

> 円グラフはYes/Noのような二極対立を示すケースでも使いどころがあります。

▶ 考え方

円グラフといえばAが何%、Bが何%、Cが……というように複数の要素を含むものが定番ですが、YesとNoのように二極対立を示すために使うのも有効です。

もちろんこのような対比を表すケースでは棒グラフを使うこともできますが、円グラフの特性は「角度」。

2つの要素を角度で区切って見せることができるため、対比がより直感的に伝わりやすいというメリットがあります。

プラスα

PowerPointでは［ホイール］のアニメーションをつけることでグラフが円の形に添って出現するのでいい雰囲気になります。

対比する片方をカラーに、もう片方を薄いグレーにすれば、
視認性が高くなると同時に、簡単におしゃれなグラフが作れます。

カテゴリ別キャッシュレス決済利用率

片方の色を背景と同色にして見えなくしてしまってもOK。
アイコンとの組み合わせも相性がいい。

Design 47 棒グラフは罫線を減らす

縦横の線がありすぎると見づらいグラフに。不要な線は思い切って消すのが正解です。

▶ 考え方

棒グラフは、必要な場合を除いて縦横の罫線をできるだけ減らすことで、シンプルで見やすく仕上げることができます。

さらに、文脈上聞き手に見せたい数値はテキストボックスで大きく配置してしまうのもおすすめ。

すべての情報が詳細に詰まっているグラフのままでは、聞き手に読み取りの手間を強いることになってしまいます。必要な情報だけに絞り込むことで、聞き手にやさしい伝わりやすいグラフに。

要素が少ない棒グラフの場合は、グラフ機能を使わずに四角形と線を並べて描いてしまうやり方も。正確性に気をつける必要がありますが、非常にスピーディーです。

ただし、意図をもって編集したグラフはあくまでプレゼン用。正確なデータの添付が必要な場合には、配付資料などの別添として参照できるようにしておくことが理想的です。

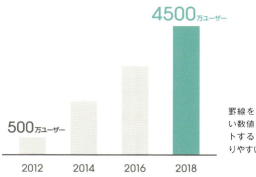

罫線をなくし、比較したい数値を大きくレイアウトすると聞き手が読み取りやすいグラフに。

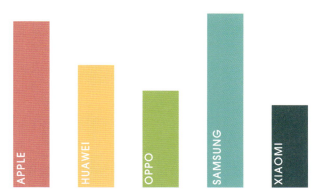

最下部の基準線すら引かない見せ方も。

プラスα

PowerPointでは［ワイプ］のアニメーションで下から上に表示させる動きをつけると、グラフが伸びていくような表現ができて効果的。

Design 48
要素名が長い棒グラフは横置きに

棒グラフの要素名が長いときには、斜めにしたり2行にしたりと試行錯誤。横にすれば簡単に解決です。

▶ 考え方

年号や月のように文字数が少ない場合は問題ありませんが、長めのフレーズが入ってしまうと配置が大変です。無理やり複数行にしたり斜めに配置したりと工夫しても、聞き手にとっては読み取りづらいグラフに。

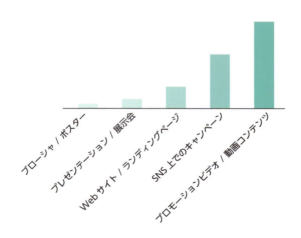

そんなときは、棒グラフそのものを横に倒してみましょう。横長のスクリーンとの相性がいいので、要素名が長いときはこちらの方が見やすいグラフになります。

　横にする場合、目立たせたい要素（プレゼン中に取り上げたい要素）を上に持ってくると見やすくなります。

　縦の棒グラフは横軸に時間（年や月）が配置されることが多いので「時系列での要素の多寡を示すものが縦の棒グラフ」「純粋に要素の多寡を比較するものが横の棒グラフ」と覚えてもOK。

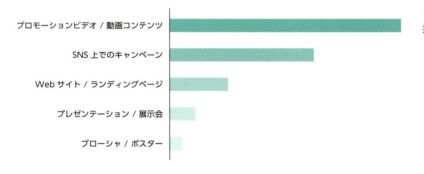

Design 49 グラフは「メインカラー＋グレー」

シンプルに美しく見せるルールは、メインカラー＋グレー。
要素ごとに色を変えるのは、必要な場合のみ。

考え方

　グラフのカラーリングのポイントは、そのグラフの何を取り上げて話すか。こう考えると、グラフの中で色をつけるべき場所が絞り込めるはず。「話をするものだけに色をつける」が基本ルールです。
　例外的に、すべての要素の個別の差異について話をする際にのみ複数色を使います。

カラーが増えてきたときは「その他」をひとまとめにして、薄いグレーにするのがすっきりした見た目でまとめるコツ。
カラーを増やさずに1色の透明度を変えて変化をつける手も。

カラーを増やす際、メインカラーと色調（トーン）を合わせます。色調とは、デザイン用語でいうところの明度と彩度のバランス。例えばPowerPointでは、カラーチャートを横方向にスライドするとおおむねトーンが揃います。

要素が多ければ、折れ線グラフ

「これって棒グラフだっけ？ 折れ線グラフだっけ？」と悩みがち。どちらを使うかのポイントは2つ。

考え方

①要素の数が10以上かどうか

　棒グラフは一つひとつの要素を目立たせますがデータが多くなると見づらくなります。一方、折れ線グラフはデータが多いときに変化の傾向を見やすいです。

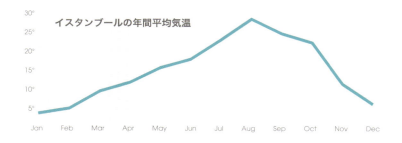

②ゼロから始まるかどうか

　下部の罫線が常にゼロなのが棒グラフ、そうでなくてもよいのが折れ線グラフです。折れ線は、小さな範囲内での変化の様子を見せたい際に有効です。

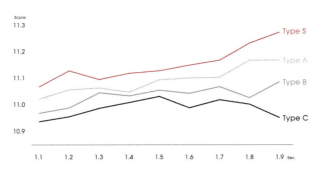

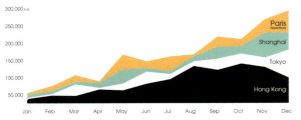

比較データの大小が明確なときは、塗りつぶし型で表現すると差が伝わりやすい。

＼ プラスα ／

既存データが折れ線グラフでも、聞き手に必要な要素が5つに絞り込めるなら棒グラフに変更するなど、グラフ選択は柔軟に。

Design 51

地図＋グラフの説得力

[万能の世界地図にグラフを加えると非常に説得力のあるスクリーンに。]

▶ 考え方

プレゼンにおいて、地域による差をグラフで説明することは多くあります。こんなときは、ただグラフを並べるだけでなく、地図上にグラフを配置するのが効果的。

文字情報だけで聞き手に位置を想像してもらうよりも短時間で正確に情報を届けることができると同時に、スクリーンとしても見栄えのするものに。

プレゼンテーションでは「ぱっと見の説得力」が聞き手の印象を大きく左右するため、世界地図とグラフの組み合わせは非常に効果の高いコンビネーションです。

＼ プラスα ／

地図上に配置するときに、グラフそのものに大小の差をつけたりしないように。データの正確性・公正性にはきちんと配慮を。

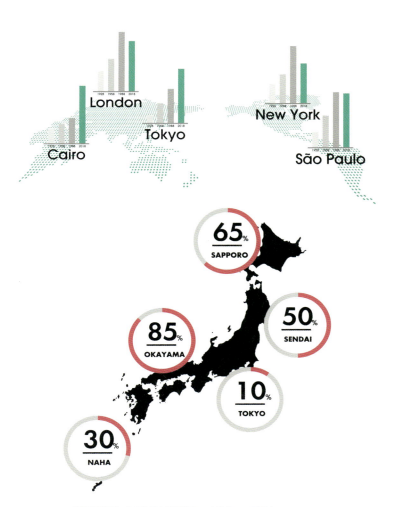

世界地図でなくても日本地図やローカルのマップでも。
グラフを場所にプロットすることで、視覚的な情報量が増します。

Design 52 図と線で描ける バブルチャート

[グラフ機能を使わなくても、線と円の組み合わせだけですっきりとしたバブルチャートが描けます。]

考え方

企業特性や製品・サービスの特徴を示したいときに、縦横の軸に円を配置してその位置と大きさで表現するバブルチャートがしばしば使われます。

これはもちろんExcelやPowerPointのグラフ機能で数値を入力することで作成可能。ですが、特徴説明などのように感覚的な比較を表現するときは自分で線と円を描いて作る方がスピーディーです。

詳細なデータのある分布図をシンプルに見せるために自分で描きなおす場合では、別添資料などに全データバージョンの分布図を載せて正確なデータもきちんと見せる配慮があれば万全。

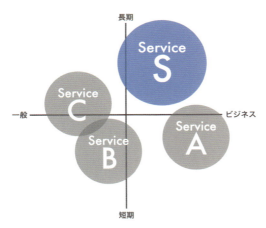

円を半透明にしておくと、罫線や隣の円と重なったときに
境界線が見えやすくなるのでおすすめ。

上下左右の罫線がなくても、各要素の関係性を
グラフィカルに示せる。

Design 53 インフォグラフィックス風のグラフはアイコンで

[シンプルな棒グラフは、アイコンや図形を並べるだけでキャッチーな見せ方に。]

▶ 考え方

　グラフの見せ方をもうひとひねり、手作業でアイコンを並べてレイアウトすることでスピーディーかつ見やすいインフォグラフィックス風グラフを作ることができます。アイコンの途中で色を分ける際は、背景色と同じ色で塗りつぶした四角形を半透明（PowerPointでは透過性10～30%）にして重ねると便利です。

全登録ユーザーの57%が対象

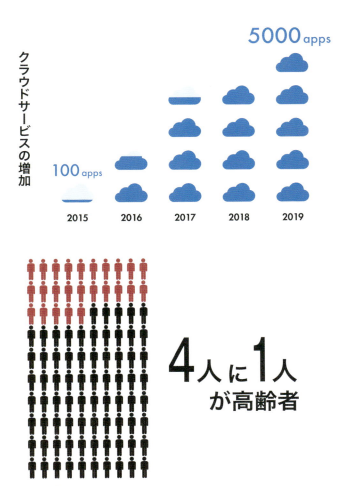

一見並べるのが大変な100のアイコンも、コピーペーストを組み合わせれば意外と簡単。
たくさんのアイコンを並べることで、量感が感覚的に伝わるスクリーンに。

Design 54 文字を囲む四角形、必要?

> 文字は四角形で囲みたい。囲まないとごちゃごちゃする。でもそれは、詰め込みすぎている証拠かも。

▶ 考え方

スライドの中の文字をとにかく四角で囲みたくなる気持ちはよく分かります。ですが、四角形というのは「4本の線と色」という追加要素であって、使いすぎるとノイズになることも。

純粋に情報としては文字だけが最もシンプルなので、使わないのが基本。四角形はやみくもに使わずに、次の機能を持たせる場合に限って活用するとスマートです。

①複数の要素を並列する
②状態や時間の遷移を表す

四角形で囲まないと隣の文字列とごちゃごちゃになって見づらいと感じるときは、スライド内に要素を詰め込みすぎです。文字を削るか次のスライドに分割しましょう。

要素を並列するときは箇条書きの考え方で。
「箇条書きを箇条書きしない」(p.90)も参照。

状態や時間の遷移を表すときは四角形の囲みが有効。

プラスα

四角形の中は要素の詰め込みすぎに注意。「『文字は大きく見やすく』の落とし穴」(p.80)の考え方で、圧迫感のないすっきりした見た目に。

四角形の角は丸くなくていい

[四角形の角を丸くするのは学校のプリントなどで見慣れた処理ですが、ビジネス用途では要注意。]

▶ 考え方

　四角形の角を丸くすると、「ちょっと手を加えた安心感」が出るものですが、これは利用シーンに注意しましょう。「かわいさ」や「やわらかさ」をあえて狙う場合にはいいのですが、通常のビジネスシーンでは四角形そのままか、角の丸みができるだけ小さい方がエッジの効いたスマートな印象になります。

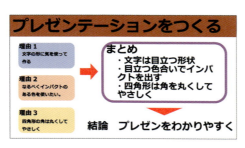

角の丸い四角とPowerPointのデフォルトである薄いパステル系のカラーや、きつめのピンクや紫の組み合わせは最もよくないパターン。スクリーンから真摯さやスマートさが失われる結果に。

丸い角は少しかわいい
感じが出てしまうので、
それを目指すなら
使うのもあり。

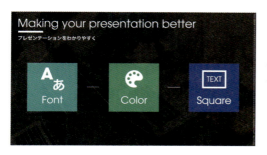

ビジネス用途なら
角は丸くしないのが
おすすめ。四角形は
メリハリのある色を使うと
ソリッドな印象に。

四角形を塗りつぶさずに
枠線だけにすることで
スマートさを演出。

Design 56

楕円形は使わない

[よく見かける「楕円形の中に文字」。実はこれ、スライドが
ダサくなる一因です。]

▶ 考え方

　作業フローの解説などで、楕円形の台座の上に文字を書くスタイル、これは要注意。楕円形は非常にバランスをとるのが難しい要素で、スライド内に不安定な印象が生まれやすくなります。
　スライドでは楕円ではなく必ず「正円」を。端正なバランスが保たれ、信頼性が感じられるスクリーンになります。

文字が入らないから
楕円にして詰め込む

正円で
文字を端正に
レイアウト

楕円形を使うと上下幅が狭く窮屈な上に古臭い印象になりがち。

正円を使うとバランスがとりやすいため整然とした好印象を与えやすい。
アイコンと組み合わせて使うと円の中での余白をうまく消化できるのでおすすめ。

Design 57
超使える"小さな四角形"

> ちょっとした要素で簡単に見栄えを良くするには、"小さな四角形"が万能です。

▶ 考え方

　文字だけではなんだかさびしい。でもイラストや写真を探してくるのも面倒。そんなときは、小さな四角形をさりげなく配置してみましょう。わずかな要素で画面がぐっと引き締まります。

　使い方は、あくまで「ちょっとだけさりげなく」。やりすぎると逆効果なので、1スライド内での使いすぎに注意です。

デジタル広告の最適化

デジタル広告の最適化

デジタル広告の最適化

Trends of digital advertisement

タイトルの下に配置。コーポレートカラーにするとオリジナリティも出せます。p.86 で紹介している英語との組み合わせを使うと効果アップ。

デジタル広告の最適化
Trends of digital advertisement

縦長の四角形は2行以上にまたがるように使うと効果的。

デジタル広告の最適化
Trends of digital advertisement

画面の端に配置すると、引き締まった印象に。

デジタル広告の最適化

Trends of digital advertisement

四角形を複数並べて色を変えるのもいいアクセントに。色選びは、p.114 で紹介している色調の合わせ方を参考に。

Design 58 矢印のバリエーションを持っておく

> プレゼンのスクリーンで数多く見られる矢印。実は色々な形があります。

考え方

矢印と言えば → この形ですが、実際にプレゼンでこればかり使っていると画面がありきたりな印象になってしまいます。

見慣れたいつもの矢印ではなく、色々なバリエーションを使い分けることでプレゼン画面がスタイリッシュに。

常識にとらわれず、さまざまな矢印の形があることを覚えておきましょう。矢印のデザインの引き出しが多い人が作るプレゼンテーションはきれいに仕上がる傾向があります。

プラスα

PowerPointの標準の矢印マークでなくても、四角形や三角形の図形を組み合わせるだけで様々なバリエーションが広がります。

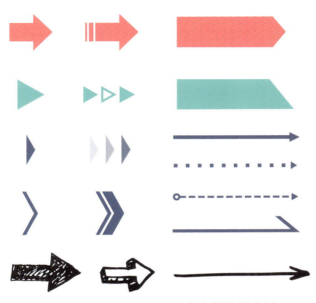

罫線の矢印、図形の矢印、手書きの矢印、さまざまな選択肢があります。

状態の遷移を示すならこんな表現も。
「矢印」という言葉を広くとらえると表現の幅が広がります。

Design 59

なにかと万能な地球素材

[スライドに入れるイラスト要素として最も汎用性が高く効果が高いのは、地球。]

▶ 考え方

プレゼンテーション制作の現場で「最も有効な素材は何か?」と聞かれると、その答えは地球、あるいは世界地図です。
「地図+グラフの説得力」(p.118)ではグラフとの組み合わせについて紹介しましたが、それ以外でもメタファーとして活用することで"らしく"まとまる非常に使い勝手のいいモチーフです。

日本だけでなく海外のプレゼンテーションでも同じように使えて、デザインも失敗しにくいので困ったときにはおすすめです。

＼ プラスα ／

PowerPointの最新バージョンであれば3Dの地球を入れることも可能になっており、表現の幅がさらに広がります。p.158も参照。

地球の素材を背景に。
地球が入ると壮大な
イメージが作りやすい。

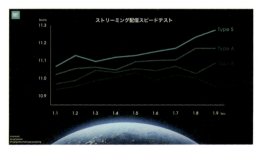

地球は部分的に見せるように配置すると、全体を見せるよりもかえってスケールの大きな印象に。

イラスト素材を使った表現。国に関係なく使えるとはいえ、関連する地域が表に向いている方向の地球であればなおよい。

Design 60

スライドに入れる写真の現実

[素人っぽい写真ではプレゼンはかっこよくなりません。写真
のセレクトでプレゼンの成否が変わります。]

▷ 考え方

　概して、プロが撮った写真を使った方が聞き手に与える印象は良くなります。無料の写真素材サイトにも良質なものが増えてきていますし、有料の写真素材サイトであればさらに選択肢が多く、高品質のものが揃います。「ここぞ」というプレゼンの場合は、思い切っていい写真を購入してしまう方がその後の制作がスムーズにいくことも。

　ただし、その1枚を1スライドだけしか使わないのはあまりにもったいないので、複数のスライドで再利用して使うようにするとコスパが高く、また結果的にプレゼン全体のイメージも統一されておすすめです。

　なお、写真を探していてよく見かける「フリー素材」ですが、これには使用料がフリー（無料）のものと、使用料は有料で著作権がフリーのものがあるので、利用条件には注意しましょう。

クオリティの高い写真では聞き手に与える印象が大きく異なります。

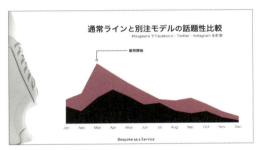

p.70 で紹介したレイアウトテクニックを応用して、複数のスライドに何度も形を変えてレイアウトすると、1 枚の写真を最大限活用できます。

Design 61

インパクト重視の全面写真

> ビジュアル重視で見せるなら、写真をスライド全面に配置して強いインパクトを狙います。

▶ 考え方

スライドの中に小さく写真を置いて、というだけではせっかくの写真のインパクトが弱ってしまいます。

特にコンセプトイメージやキービジュアルの場合は、全面に写真を配置することで世界観を強く表現することができておすすめ。

ただし、全体に張り付けるだけで終わりにしてしまうと、「写真を大きく貼り付けただけ」という手抜きの印象になりがちです。

写真に加える文字要素のレイアウトでスクリーンの印象は大きく変わるので「シンプル？スカスカ？カギは密度感」(p.62) や「読めない小文字で作る洗練感」(p.82)、「文字レイアウト5選」(p.96) で紹介したテクニックと組み合わせて文字の配置を工夫すると効果がぐっと上がります。

全面写真を活かすために
できるだけ文字を少なく
した例。コーナーに配置
した四角形と文字で適度
な緊張感を保つ。

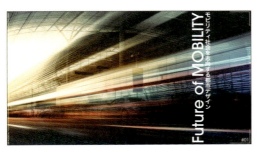

タイトルを縦にレイアウト
してアクティブな印象を
持たせた全面写真。

全面写真をあえてぼかす
処理をすることで、
画面の奥行きを創出。
プレゼンの没入感を増す
演出。

Design 62 文字情報と写真のいいとこどり、半面写真

写真も見せたいけど解説もしたい、というときには画面の半分に写真を配置すると効率的。

> 考え方

写真そのものに対する解説テキストがある場合やグラフなどと同時に表示したい場合、写真を画面のちょうど半分にしてみましょう。

半分を写真、残り半分をコンテンツ、と思い切って分けることで、メリハリのあるスクリーンを作ることができます。

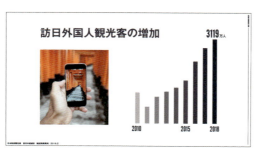

写真を小さくして
配置するとありきたりな
画面に。

文字や要素が絞り込めていれば、画面の半分があればコンテンツは表示できてしまうもの。

このテクニックを使うときはコンテンツ部分の背景を白以外にするほうがオリジナリティの感じられるスクリーンに。

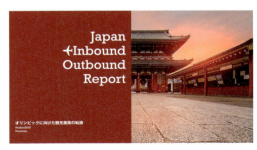

アシンメトリーなデザインを活用して、インパクトのある表紙スライドとしても。

Design 63 半透明の四角形でスタイリッシュに

[写真＋半透明の四角形のコンビネーションでスクリーンを美しく印象的に。]

▷ 考え方

　写真の上に、「半透明の四角形」という要素を一つ加えるだけでスライドが引き立ちます。

　透過性を10%〜40%にした四角形の図形を載せるだけの手軽なテクニック。中央にレイアウトしてもよいし、端に寄せても、大きくても小さくても機能します。

　コツは、
・カラーの写真に白 or 黒の半透明
・モノクロの写真にカラーの半透明

　という風にコントラストのあるカラーを使うと洗練された印象を生み出すことができます。

半透明の四角形の透過性は背景の写真にあわせて適宜調整。背景がわずかに見えるくらいが目安。余白を意識して文字を小さめに配置するとスタイリッシュに。

モノクロ写真の上にカラーの半透明の四角形を重ねるとキーカラーを活かしやすい。
PowerPointの［色の彩度］機能を使えば簡単に写真のモノクロ化が可能。

ひと手間かける価値アリの切り抜きテク

[写真は四角、という常識をひと手間かけて変えてみます。高いパフォーマンスが期待できます。]

🖉 考え方

　写真をそのまま配置するのは手軽ですが、どうしてもインパクトに欠けて、他との差別化が難しいもの。

　そこで効果的なのは写真を様々な形状で切り抜くテクニック。最も使いやすいのは円で切り抜く方法。他にも多角形の図形や、模様のパターンで切り抜くとさらに印象的に。

　PowerPointであれば、[図形の結合] → [重なり抽出] で簡単に実践できます。

＼ プラスα ／

p.68で紹介した「あしらい要素」と同じ形状で切り抜くと、プレゼンテーション全体での世界観が統一されて効果的です。

もっとも一般的な円で切り抜く手法。バランスがとりやすくおすすめ。

あしらい要素を六角形と定め、写真も六角形で切り抜いてレイアウトした例。写真も形状が揃う効果は大きい。

グラフィックソフトを活用すればよりアーティスティックな写真の切り抜きも可能。

Design 65 写真の色を変えて おしゃれ感を演出

> 写真の色を変えてトーンを揃えれば、プレゼンの世界観が統一できておしゃれなスライドに。

▶ 考え方

製品写真のように写真のリアルなカラーが大切なときもありますが、それが必須でないときも。

そのような条件下では、写真のカラーを変えてしまうのも手です。まず使いやすいのがモノクロ化。白黒にすることで落ち着いたシックな雰囲気になり、ここにメインカラーを組み合わせても引き立ちます。

次はシングルトーン化。白黒ではなく、特定の色味がかかった処理をするとポスターのようなおしゃれ感が出せます。ここまではPowerPointの画像加工で可能です。

プラスα

さらに上級テクニックとしては、ダブルトーン。画像加工ソフトが必要ですが、よりプロっぽいプレゼンを演出することができます。

簡単にできるモノトーン。
シックな仕上がりに。

シングルトーンも
簡単にできる加工。
より印象的に。
PowerPointでは[書式]
タブ→[色]→[色の変更]
で加工ができます。

ダブルトーン加工を
すると、さらに本格的な
仕上がりのスクリーンに。

Design 66

背景削除で写真をパーツ化

> 写真の中の製品や人などをオブジェクトの形に添って切り出せば、一段レベルの高いスクリーンに。

▶ 考え方

　ポスターなどではよくある表現ですが、写真の中の特定のものだけを切り抜く処理。一見難しそうですが、PowerPointであれば［背景の削除］機能で比較的簡単にできてしまいます。

　この処理をすることで背景色を効果的に活かしたり、文字や図形との重なりをより印象的に組み上げたりと、デザイン面での見栄えが大きく向上。

　背景削除ができるようになれば、写真素材の組み合わせが自由自在に。ありきたりなプレゼンからの脱却をしたいときに使える覚えておいて損のないおすすめテクニックです。

背景を削除すると背景色を活かしたデザインがより効果的に。

人物の背景削除は細かいので手間がかかりますが、
躍動感のあるレイアウトが可能になり、非常にインパクトが大きい。

Design 67

「重ねる」を積極的に

> 写真と文字は離してレイアウトするだけではなく、重ねることでおしゃれな見せ方ができます。

▶ 考え方

　写真と文字を横に並べるのが一般的ですが、並べ方を少し変えるだけでスクリーンから受ける印象が大きく変わります。
「きちんと並べる」の反対に、「ずらす」「重ねる」というレイアウトも。ずらすのも重ねるのも最初は慣れが必要ですが、ぜひ思い切ってやってみましょう。

要素を重ねないオーソドックスなレイアウト。

写真に文字を半分重ねるだけで動的な印象に。
テキストを載せる四角形も写真に重ねてずらすことで、レイヤー感を演出。

写真の上に背景色と同じ四角形を複数ランダムに配置すれば、写真の形状を変えることが可能。
重ねるテクニックは手軽に見せ方を変えることができるので、思い切って大胆に。

Design 68 アニメーションはどう使う?

正しい使い方を知れば、クオリティの高いプレゼンに。本当に使えるアニメーションって何?

考え方

ビジネスシーンでは敬遠されがちなアニメーション。確かに、文字が「びょーん」と飛び出してくるアニメーションでは面白さ以外の意味があまりありません。

アニメーションを使う理由は、次の3つ。

①手順や時間経過など、出現する順序に意味がある
②話に合わせて動きをつける
③スクリーンに躍動感を与える

①、②のときに最も使えるアニメーションとしておすすめなのは、[フェード]。凝ったアニメーションが色々ある中で最もシンプルなものですが、ビジネスで使用してもイラッとしないのがこれです。

実はプロが最も多用するのもフェードです。アニメーションで迷ったらこれを使いましょう。

手順や時間経過にあわせて[フェード]で出現するように設定すると直感的に理解しやすい動きに。

③の躍動感をつけるためには次の3つがおすすめ。

線が伸びる

[ワイプ]を使い、継続時間を1秒以下にすると、スタイリッシュな動きに。

文字がピピピッと走る

サイバーで知的な印象。[アピール]で、[テキストの動作]を[文字単位で表示]に。[文字間で遅延]の部分を、0.05などの高速に設定します。

ループさせる

解説時間が長いスライドでは、画面の躍動感が維持でき、聞き手をだれさせない効果が。使いやすいのは図形を回転させる[スピン]。[継続時間]を30秒などにして動きをゆっくりに。[繰り返し]を[次のクリックまで]にすれば、回転させ続けることが可能。

Design 69 ストーリーが映える ビジュアル連続性

[プレゼンの流れをスムーズにするのも遮るのもデザイン次第。
デザインでストーリーをつなげます。]

▶ 考え方

　プレゼンテーションデザインには、Visual Continuity（ビジュアルの連続性）という考え方があります。

　これはプレゼンのデザインをスライドごとにぶつ切りにするのではなく、プレゼンテーション全体のビジュアルがつながっているようにデザインする手法。視覚的にストーリーのつながりを表現し、より没入感のあるスクリーンで聞き手を引き込んでいく、という考え方です。

　これを最も簡単に行うテクニックは、スライドからビジュアル要素をあえて「はみ出す」こと。そしてはみ出した残りを次のスライドに配置することです。これによってスライドをまたいで連続する世界観を作ることができます。

写真やイラストが隣のスライドと「つながっている」のがポイント。一つの世界観の中を移動していくような構成で、プレゼンに聞き手を引き込みやすくなります。次のページで紹介している画面遷移の［プッシュ］との組み合わせがおすすめ。

Prezi のような広いキャンバスに要素を配置するタイプのプレゼンソフトを使えば、この手法が簡単に実現できます。

Design 70
画面遷移で流れを演出

スライドの画面遷移をコントロールすれば、プレゼンの流れを自然に演出できます。

▶ 考え方

スライドとスライドが一瞬で切り替わるのが一般的ですが、画面遷移の機能を使ってオリジナリティのある見せ方も。

これもアニメーションと同じで奇をてらったものを使っても面白いのは一瞬だけ。ビジネス上で適しているのは次の2つです。

ベーシックで品よくまとまるのは、ここでも［フェード］。唐突な切り替え感がなくなり、ナチュラルに次の画面に移ることができます。

ひとひねりしたいときにおすすめなのは［プッシュ］。画面が横にスッとスライドするように動くので、ストーリーが進んでいく様子を直感的に表現できます。p.154で紹介しているVisual Continuityのある世界観を作るときも効果的。

写真やイラストがつながるように［プッシュ］で動かす。p.68 の"あしらい要素"をつなげるのも効果大。縦、横のスライドする方向にデザインが続くようにしておくのがポイント。

人物の視線の先や指先など、方向性を感じる要素をとらえて画面遷移を作ると、有機的で印象的なプレゼンテーションに。

Design 71 3Dと画面遷移で作るWow！演出

[3Dの地球がぐるぐる回る、3DのPCがくるりと回転する、こんなWow!な演出が実はPowerPointで可能です。]

考え方

海外では「プレゼンにWow！を作る」という言い方があります。その最新の手法が3D機能。PowerPoint最新版では、3Dのプリセットデータが提供されているので、データを読み込んで画面遷移を［変形］にするだけで地球を回転させたり製品を別視点から眺めたり、という驚きの演出が簡単に実現できます。

製品の 3D データを使えば
製品をいろんな方向から
眺めるようなプレゼンが可能。

3D データを作成できる
アプリも数多くあるので、
独自の 3D データを読み込んで
オリジナリティある見せ方も。

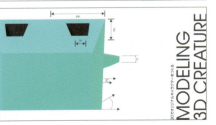

Part 2 デザインする

Design

part

3

Talk
話す

ストーリーをのせたデザインを作ったら、次は本番。

Talk 72 人間の脳は「簡単なもの好き」

> 話の中で一度に大量の情報を伝えることはできません。聞き手の脳にやさしい説明が鉄則です。

考え方

トークで一番大事なのは、分かりやすく伝わるかどうか。プレゼン内容が正しく伝わらなければ、そもそもプレゼンの意味がありません。

伝わる話し方のポイントは、聞き手が脳内で素早く「絵」を描けるように話すこと。情報量が多く圧迫感のある説明をされると、脳内で絵を描くスピードが追いつかず、聞き手は耳を塞いでしまいます。

人間の脳は「簡単なもの好き」。簡単で分かりやすいものほど、真実だと認識し、高評価を得られるのです。心理学の研究では「処理の流暢性」と言われ、脳が処理しやすい情報か否かが、人の判断に影響を与えるとされます。反対に、分かりにくい説明は不信感を生みます。

「分かりやすい」というだけで、より評価されるならば、意識しない手はありません。脳が喜ぶプレゼンを心がけましょう。

分かりにくい説明ほど、不信感が高まる

× 5G、第5世代移動通信システムは、日本で現在主流となっている4Gに代わる新しい通信規格・通信技術で、世界の標準化団体が参加している3GPP、Third Generation Partnership Projectを通じて国際標準の仕様策定が進行し……

↓

○ 5G、第5世代移動通信システムには3つのメリットがあります。
「超高速」「多数同時接続」そして「超低遅延」です。

今日はこれだけ押さえてください。

Talk 73 はじめに全体の流れを伝える

> はじめに全体像を聞き手と共有することで理解を促し、集中力が続く環境を整えることができます。

考え方

　話を聞くときに、これからどんな話が展開されて、この話がどれだけ続いていくのか、全く分からない状態のまま聞くというのはつらいものです。これでは、聞き手の集中力が続きません。

　そこで、プレゼンの全体の流れを冒頭で共有しましょう。これを「フレーミング」といいます。

　事前に伝えることで、聞き手が全体像を把握して、聞く準備を整えることができます。

　聞き手がノート1ページに今回の話をまとめるとしたら、ノート全体の使い方や大きな見出しなどをあらかじめ用意してあげるイメージです。

　これによって、聞き手がプレゼン中に現在地を把握しやすくなり、内容の理解につながり集中力も続きやすくなります。

最初に全体像を共有する

✗ 今日はリモートワークを取り入れる
メリットについて話をします。
リモートワークというのは……

○ 今日はリモートワークを取り入れる
メリットについて話をします。

全体の流れとしては、
「コスト面」「生産性面」「コミュニケーション面」
の3つのテーマで話を進めていきます。

Talk 74 「書き言葉」ではなく「話し言葉」で

[丁寧な書き言葉をそのまま話すと長たらしい話になりがち。
普段の話し方が一番シンプルに伝わります。]

▶ 考え方

　プレゼンになると、丁寧にしようと「〇〇についてお話をさせていただきます」など、普段の会話ではあまり使わないような不自然に丁寧な言葉遣いをしてしまうことがあります。

　これは、聞いている側からすると、想像以上に違和感があるものです。

　プレゼンの場での話し方は、普通の会話と同じで構いません。

　伝えたいメッセージの周りを無理に取り繕う必要はないので、無駄に「お」をつけたり、語尾を丁寧にすることに気を使わず、シンプルに普段通りの話し言葉で伝えるようにしましょう。

丁寧すぎるのは逆効果

✗
> えー、ただいまご紹介にあずかりました、
> 渋谷株式会社の営業部で部長をしております
> 佐藤と申します。
> 本日は、お足元の悪い中ご来席くださいまして、
> 誠にありがとうございます。改めてこの場を借りて
> 感謝を申し上げます。
> 本講演では、昨今リモートワークの
> 導入が企業様に与える価値につきまして、
> 僭越ながら私よりご紹介差し上げます。

↓

◯
> 渋谷株式会社の佐藤です。
> 本日はお越し頂き、ありがとうございます。
>
> 今日は、リモートワークの導入が
> 企業に与える価値について話します。

Talk 75 「〜ので」「〜たり」を減らす

> だらだらと続く話ほど、理解しにくいものはありません。短く言い切るクセをつけてください。

▶ 考え方

　伝えたいことがたくさんあるからたくさん話す。
　しかし、それは聞き手のためになっているでしょうか。
　冗長な話は、聞き手の理解を妨げ、分かりにくいプレゼンという印象を与えてしまいます。
　そこでプレゼンでは、聞き手が理解しやすいように、文章をシンプルにまとめましょう。
　そのためのコツは、一文を短くすること。「〜ので」「〜たり」といった一文を引き延ばす言葉を省いて、シンプルに言い切ります。
　これだけで、話が理解しやすくなり、話全体の印象がスッキリします。

文章は短く区切る

× この製品は、30時間バッテリーが持ち、さらに、充電速度が高速なため充電時間は1時間でフル充電が完了するので、夜に充電し忘れたという場合でも、朝の準備時間などすきま時間に充電するだけで、1日中使い続けることができるというもので、充電が切れる心配をしたり、充電器やモバイルバッテリーを持ち運んだり、電源を借りられるカフェを探し回るといった苦労から解放されますので、ぜひ買ってください。

○ この製品は連続30時間の長時間稼働に対応。その上、高速な充電速度でフル充電まで1時間。充電し忘れても、すきま時間で充電可能です。

重いバッテリーを持ち運んだり、電源カフェを探し回る必要はもうありません。

Talk 76 専門用語は排除する

難しい専門用語は、聞き手の理解を妨げます。誰でも理解できる用語に置き換えましょう。

考え方

専門用語は1つのワードに多くの情報を含めることができ便利なのですが、分かりやすさという観点で考えた場合、多用することは避けるべきです。

用語を知らない人は、その時点で話についていけなくなります。

また対外的なプレゼンでは、業界によって用語の意味が異なる場合もあるため、気をつけなければなりません。

説明のためにどうしても専門用語が必要な場合には、「こういう意味で使っています」と補足説明をすることをおすすめします。

一方で、専門知識を持っている聞き手ばかりの場であれば、専門用語を使う方が理解を早める可能性があると同時に、信頼性を高めたり、ターゲットを意図的に絞ったりする効果もあります。

聞き手に合わせて、最も「伝わる」言葉を選んで話していきましょう。

専門用語は自覚して使う

業界によって意味が異なる専門用語の例

SE	**システムエンジニア**	IT業界
	効果音(サウンドエフェクト)	映像業界
プロパー	**正社員**	ビジネス一般
	(卸しの)**正規商品**	流通業界
	(割引をしない)**正規価格**	アパレル業界

流行りのビジネス用語の例

エビデンス	**証拠・根拠**	
コミット	(積極的に関わり結果を出す)**約束**	
イグジット	(スタートアップなどの)**出口戦略**	
ピボット	(事業の)**路線変更**	
アグリー	**合意・同意**	
コンピテンシー	(人材の)**行動特性**	
サステナビリティ	**持続可能性**	
ダイバーシティ	**多様性**	
ワークシェアリング	(労働時間短縮のための)**業務分担**	

Part 3 話す

Talk

Talk 77 ゴールを伝えてアクションを促す

> 話し始めが肝心。今日のゴールを共有することで聞き手の準備を整えます。

考え方

聞き手が準備できていない状態でいきなり話し始めてしまうと、伝わるプレゼンも伝わらないものに。

いきなり内容を話し始めるのではなく、今日このプレゼンをどういう意識で聞いてもらいたいか、プレゼン後にどういったアクションを起こしてもらいたいかを、最初に提示します。

これによって、聞き手側が聞くための準備を整えることができます。

このプレゼンを、どういう視点で聞いて、考えてもらいたいのか。

冒頭でその意識合わせを丁寧にしておくことが、プレゼン後の聞き手のアクションにつながります。

聞き手のアクションを誘導する

今日は、リモートワークの話をしたいと思いますが、ぜひ皆様の企業でリモートワークを導入した状態を想像して頂き、そこで起こりうるだろう**課題やトラブルを思い浮かべて**みてください。

今回の話を元に、
まずは**従業員の方へ話を聞いてみる**ところから
始めてみてください！

ぜひ、**あなたの会社にあった**
働き方を見つけ出していただければと思います。

プレゼン後質疑応答の時間を取りますので、
質問のメモをお取りください。

オープニングは「完璧」にする

> 第一印象が大切。冒頭を完璧に準備することで、その後の話を聞いてもらえる土台ができあがります。

考え方

プレゼンの内容が期待できるかどうかは、冒頭の数分で判断されてしまいます。自信なさげに話していると、それだけで印象が悪くなってしまい、しっかりと話を聞いてもらえなくなってしまうことも。

そこで、冒頭部分は特に丁寧に準備をしましょう。

プレゼンの冒頭に頼りなさが出てしまうと、この人自信がないのでは？と不安な印象を与えてしまいますので、冒頭で話す内容は、あらかじめ決めておくことをおすすめします。

自信のある声で自然と言葉がつながるようになるまでしっかり練習しておきましょう。

冒頭から堂々とした話ぶりをするだけで、プレゼン全体の印象が劇的に良くなります。

冒頭の言葉は練習して準備をしておく

> えー、今日はプレゼンテーションの話をしたいと思います…。
> えーそれで、3つほど話をしたいなと思っています。1つ目が、えー、ストーリーの面です。その次が話し方の…あ、違いますね、次がレイアウトで、3つ目が話し方というか、トークというか……

> 今日はプレゼンの改善テクニックについて話をします。
>
> 全体の流れとしては、
> 「ストーリー」「レイアウト」「トーク」という
> 3つのテーマで話を進めていきます。

Talk 79 主語を「あなた」にする

> 会社や製品の話は面白くありません。主語を聞き手に替えることで、プレゼンの主役を聞き手にすることができます。

考え方

プレゼンの主役は「聞き手」です。

会社や製品の話を中心にするのではなく、「聞き手(あなた、お客様など)」を主語にして話してみましょう。

聞き手は、今回の話を聞いたら、自分の将来にどんな良いことがあるのか? どう変わるのか? に興味があります。

「あなた」の将来はこうなります。
「あなた」の課題が解決されます。
「あなた」に効果があります。

常に目の前の「あなた」にとってどんな良いことなのかという視点で話しましょう。

自己満足のプレゼンと、聞き手満足のプレゼン。ここが大きな分岐点です。

利用者視点に立った話し方

企業の目線

> 弊社はフィットネス業界最大手です。
> うちの設備は数億円の投資をして、
> 最新鋭のマシンが揃っています。
> うちはトレーナーの育成にも力を入れており、
> 独自の認定資格も用意しています。
> 料金も選べる3プランを用意しています。

↓

利用者の目線

> **あなたの**ダイエットに、私たちはコミットします。
>
> **あなたが**今までリバウンドを繰り返してきた
> 失敗経験を、これで最後にしましょう。
>
> 3ヶ月で**あなたの**今の体重は最低でも5kg減少、
> 見た目も劇的に変化します。
>
> これが**あなた自身**の自信につながり、毎日を
> 活き活きとしたものにしていただけるはずです。

Talk 80 キーメッセージを繰り返す

[プレゼンの中でキーメッセージは意図的に繰り返しましょう。]

🔍 考え方

　ストーリー作りで考えたキーメッセージ(「一人歩きするキーメッセージを決める」(p.32))は、プレゼン中にたった一度言っただけでは覚えてもらえません。意図的にいろいろな場面で繰り返し取り上げ、声に出すことで、聞き手にキーメッセージを印象づけます。

　聞き手がプレゼンを振り返ったときに、「今日のプレゼンは〇〇についての話でね……」とキーメッセージが人づてに広がっていくのが理想です。

　プレゼンの内容を一言で表すキーメッセージ。プレゼンの内容が一人歩きするためには、プレゼン中の繰り返しがカギになります。

キーメッセージは繰り返す

> 今日は **「100人100通りの働き方」** を
> 実現するための会社の文化作りについて話します。

︙

> **「100人100通りの働き方」** とは
> 自分たちが自分の働き方を選べることです。

︙

> **「100人100通りの働き方」** は、
> 夢物語ではなく会社側の考え方次第で実現できます。

︙

> **「100人100通りの働き方」** を実現するためには、
> 社員ひとりひとりが自分の働き方を見つめ直し、
> それを全員が受け入れる風土が不可欠です。

︙

> 今日は **「100人100通りの働き方」** を
> 実現するための会社の文化作りについて話をしました。

Talk 81 聞き手が欲しいのは「機能」ではなく「利活用」

[サービスや商品を提案する際は、どのように活用して欲しいのかを明確に伝えましょう。]

考え方

極端な言い方ですが、聞き手が細かな機能や情報に興味をもっていることはほとんどありません。聞き手の興味はあくまで、「どのように活用できるか」です。

機能や数値だけの説明で終わるのではなく、その機能を使って聞き手がどのように活用できるのかまでを丁寧に伝えましょう。

導入事例などの具体的な利活用の話や、ユーザーの声などがあると非常に有効です。

例：クラウドサービスの営業の場合

機能だけの紹介

✗
> この製品はクラウド上にデータが保存されデータベース化されます。さらにデータとリンクしたグラフの自動作成ができます。
> また、パソコンだけでなくモバイルでも利用できます。

機能＋利活用の紹介

○
> この製品は、クラウド上にデータをためることができるので、一元管理されたデータベースから欲しい**データをスピーディーに見つけ出せる**ようになっています。
>
> さらに、データとリンクした自動グラフ作成にも対応。会議の直前に**最新データを手作業で入力する必要はありません**。
>
> また、モバイルデバイスからの利用も可能です。
> 外出先から最新情報を即時登録・確認ができるようになるので、**リアルタイムで情報を共有**することができます。

Talk 82 スライドの切り替えでつなぎ言葉を使う

> スライドの切り替え時に沈黙するとリズムが止まってしまいます。つなぎ言葉でスムーズに進行しましょう。

▶ 考え方

　上手なプレゼンターの話は、流れるようにスムーズに進みます。特に差が出るのは、実はスライドの切り替え時。

　スライド切り替えのポイントは「つなぎ言葉」です。「続いて」や「この結果」「続いてのスライドは」など、つなぎ言葉を挟みながら切り替えることで、沈黙が生まれず前後の文脈がスマートにつながります。

　さらにつなぎ言葉には、次にくる話や文がどんな内容かの合図、前振りになるというメリットもあります。つなぎ言葉を意識して取り入れることで、聞き手の頭の中では次の展開を聞く準備ができるため、スムーズに話を受け止めてもらいやすくなります。

　PowerPointの[発表者ビュー]の機能を使えば、手元のPC画面に次のスライドを表示できます。次のスライドを確認しながらつなぎ言葉を選ぶことで、安心して進行することができます。

画面切り替えはスムーズに

ここまでは、生産性について話をしました。

ポチッ。

それでは続いて、コストの話をします。

↓

ここまでは、生産性について話をしました。

（スライドを切り替えながら）
では次に、コストの話に移りましょう。

（切り替わった画面を指し示しながら）
グラフをご覧ください。
こちらがリモートワーク導入の平均コストです。

Talk 83 自分の練習場所を作る

> 緊張しないようにするにも、上手に話せるようになるにも、練習以外に近道はありません。

考え方

　プレゼンで緊張しないようにしたい。もっと上手く話したい。そのための唯一の方法は「練習」です。

　周りでプレゼンが上手い方というのは、おそらくそれだけのプレゼンの場数を踏んだ方でしょう。

　練習を重ねれば、自然と言葉が出るようになり、立ち振る舞いも自信に溢れ、間違いなくプレゼンが「上手く」なります。

　ポイントは、何も見なくてもスムーズに話すことができるかどうか。実際に聞き手がいることを想定して、視線を聞き手側に向けながら話す練習が効果的です。

　お風呂の中、カラオケルーム、ランニング中、イメージトレーニング、友達や同僚に見てもらう、録画してチェックする、会場に行ってみる。練習方法もひとつではありません。自分にあった方法を見つけ、自然と言葉が出てくる状態になるまで、練習を重ねていきます。

意識を変えながら3回練習する

1回目 最後まで通して話してみる

2回目 自信がないところ、詰まってしまうところを見直す

3回目 プレゼン当日を思い浮かべ、目の前に聞き手がいることを想像して話す

Talk 84 原稿を作って、捨てる

[原稿通り読むのではなく、自分の言葉で話す方が聞き手にはナチュラルに伝わります。]

▶ 考え方

　しゃべる内容の原稿を丸々作るのはおすすめしません。

　覚えることに意識が向いてしまい、間違ったときの心配など本来の目的ではない部分に労力を取られてしまうからです。

「読み上げる」と「話す」はまったく別物です。原稿を読んでいる声は、聞き手にも「用意された言葉だな」という悪い印象と共に伝わってしまいます。

　ただし、原稿を作るメリットもあります。文章に書き出すことで論理的におかしい部分が見つけやすくなります。

　理想は、作って捨てる。原稿はあくまで土台として、自分の言葉で自然と話せるようになるまで繰り返し練習します。どうしても不安な場合には、要点になるキーワードを書き出しておきましょう。

　プレゼン本番は、自分の心からの言葉で話しましょう。

「原稿読み上げ」にならないように

一言一句まで書かれたメモ

> 本日は、働き方改革について話をします。
> 今回お伝えしたいポイントは3つございます。
> 1つ目は現在の日本の課題について、
> 2つ目は諸外国での取り組みについて、
> 3つ目は本質的な働き方改革についてです。

アウトラインのみのメモ

> 働き方改革
> ① 日本の課題
> ② 諸外国の取り組み
> ③ 本質的な働き方改革

> 何もなくても自分の言葉で

Talk 85 自分の主観を盛り込む

> 自分の経験や素直な感想を交えることで、聞き手は引き込まれていきます。

考え方

プレゼンの機会となると、どうしても堅くなってしまい、どことなく他人行儀な言葉遣いになりがちです。

そうなると、事実や数値を中心とした内容の方が話しやすいものです。ですが、会社や製品が主語のプレゼンでは決して聞き手に伝わりません。

あなたが話す、あなたのプレゼンです。あなたの主観や感情を出していきましょう。

同じ内容でも、語る人によって大きく印象が変わることがあります。今までの経験や想いをしっかりと言葉にのせて伝えることで、自分自身も楽しくなりますし、聞き手にもその楽しさは伝播します。

過去の経験や、自分の好み、おすすめポイント、ときには自分がもうひとつだと思うところまで。あなたの言葉を素直に話すほど、聞き手は引き込まれます。

自分の感想で聞き手を引き込む

× この製品は、デザインと高品質な素材が特徴です。

↓

○ はじめて見たときに一目ぼれしたアイテムです。
何よりデザインがかわいくて、素材の質感もいい。
私は特にこのカラーが気に入っていて、
普段愛用しています。イチオシです。

Talk 86 話の中に第三者を登場させる

話が単調になっているときは、第三者の声を使うことが効果的。聞き手に想像力を働かせる力があります。

考え方

上手いプレゼンには、よくプレゼンター以外の人物が登場します。

同僚の話や、経営者の想い、ユーザーの声や、成功・失敗事例。

さまざまな人物が登場することで、全体にメリハリが生まれ、複数人の視点からプレゼンの内容を深く把握することができます。

その際、ただ状況説明をするだけではつまらないので、登場人物のセリフなどは、実際にしゃべっているように表現するのがおすすめ。プレゼンを群像劇のような活き活きとした世界観にし、聞き手を引き込んでいくことができます。

自分の言葉だけでなく、他の人の言葉とその場の感情や空気感も加えることにより、より立体的で人を動かすことのできるプレゼンテーションになります。

第三者の「感情」と「体験」が説得力を生む

♡ 利用者の「感情」を話す

> あるユーザー様は、このサービスを初めて知り、
> 「これは現状の社内の課題を解決できる!」と
> 直感した、と話されていました。

🙋 利用者の「体験」を話す

> 早速社内に提案をされたそうなのですが、
> サービスの初期設定のままでは課題を十分に
> 解決できないことが判明。
>
> そこで、弊社のサポート部門が協力して
> お客様のシステムに最適化したカスタマイズを実施。
>
> 従業員からの評価もよいということで、
> 現在でも日々運用していただいています。

Talk 87 抑揚って一体何？

> 抑揚とは声の大きさや話すスピードではなく、想いを伝えるべきところでちゃんと想いを込めて話すこと。

> 考え方

「抑揚がなく話が入ってこない」

そんな指摘を受けたことがあるかもしれません。けれど、抑揚なんてどうやってつければよいのでしょう？

プレゼンの抑揚とは声量の強弱やスピードなどではありません。気持ちののせ方です。

ビジョンや、コアメッセージ、活用提案、自分自身の想いなど、想いを伝えたいときに、しっかりと気持ちを込めて話しましょう。これが自然と抑揚につながります。

ポイントは、事実と感情を分けること。これを意識するだけで話にメリハリがつき、想いのこもった抑揚溢れるプレゼンになります。

想いを込めるところに、しっかり想いを込めて話すこと、これがプレゼンの抑揚です。

自分の感情を込めることで抑揚が生まれる

kintone(キントーン)はマウスの操作で業務システムを作っていくことができます。

プログラミングせずに、
マウス操作だけで「簡単に作れる」というのも大切なのですが、もう一つ大事なのが、
「自分たちで、自分たちの業務に合わせたオリジナルのシステムが作れる」ということです。

私は、ここがこの製品の一番の価値だと考えております。**自分自身も初めて触ったときに衝撃を受けました**。

「業務改善のアイディアを自分でカタチに」
業務の課題を自分の手で解決することができる。

ぜひ皆様の手で、自社にあった業務改善をカタチにしていきましょう!

Talk 88 間を取ることで「えー」「あー」を防ぐ

> 話を急ぐ必要はありません。自分のペースが大切。緊張しているときこそ、あえて間を取りましょう。

考え方

多くの人が悩むのが「えー」「あー」というごまかし音をプレゼン中に連発してしまうこと。

これを入れないだけで聞き手にとっては聞き取りやすい話し方になるのですが、とはいえなかなか抑えられないものです。

この原因は、思考が追いついていないことと、緊張して呼吸が浅くなっていること。話すことが固まらないまま話し始めてしまうと、どうしてもこうした音で無音の時間を埋めたくなってしまいます。

この解消方法は、怖がらずに間をしっかり取ることです。

静寂を入れるのは怖いのですが、話を急ぐ必要はありません。自分では間が空いたように感じられても、聞き手にとってはそこまで長い時間にはなっていません。あえてじっくり間を取り、落ち着いて話すことを意識しましょう。

間をとりながら話す

✗
> えー、
> 今日は我々が販売を開始した新製品をご紹介します。
> あー、今までの既存製品は、えー重くて金額も高く、
> なかなか手が出にくいという課題があり、えー、
> なかなか一般には手が届かないと言われていました。

↓

○
> 今日は、我々が販売を開始した新製品をご紹介します。
>
> **間をあける**
>
> 今までの既存製品は、重くて金額も高い。
>
> **間をあける**
>
> なかなか手が届かないと言われていました。

Talk 89 残り時間を案内して集中力を保たせる

全体のプレゼンの中のどの部分の話をしているのか、聞き手と共有しながら話を進めましょう。

考え方

セミナーのような長時間のプレゼンでは、聞いている側も大変です。
「今どれくらいまできているんだろう。あと何分あるんだろう」
現在地点が分からないとゴールまでの距離が予測できず不安になります。

プレゼンターは、残り時間や今どこまで進んだかどうかを、聞き手にこまめに伝えましょう。たったこれだけのことで、聞いている側は安心して話に耳を傾けることができ、集中力を保つこともできるようになります。

プレゼンの「現在地」を示す

- 3つのパートの1つ目を話しました。

- ここまでで、全体の半分を説明しました。

- これが最後のテーマになります。

- ラスト5分で、登録の方法をお話しします。

話の区切りでまとめを入れる

今は何の話をしていたのか、話の区切りにまとめを入れることで理解度を高めることができます。

考え方

だらだらと話し続けてしまうと、聞き手としては話の論点が分からなくなってきてしまうことがあります。

そこでおすすめなのが、こまめにまとめること。

区切り区切りでまとめを入れることで、今までの話について、話し手と聞き手の認識合わせをすることができます。

プレゼンで気を付けないといけないのが、聞き手を置き去りにしてしまうこと。まとめを入れることで、共通認識を持ちながら一体感を高めてプレゼンのゴールまで進んでいくことができます。

まとめを入れて聞き手の頭を整理する

ここまでが前半の話でした。

ここまでの話をまとめると、リモートワークを導入する上で意識すべきなのは、在宅勤務とオフィス勤務をする社員で共有されている情報の格差を無くすこと。

オフィスに行かないと得られない情報があるという状況では、安心して在宅勤務ができません。そのために、情報をオープンにするということが非常に大事なのです。

それでは後半は、具体的に情報をオープンに共有する方法についてご紹介していきます。

Talk 91 アイコンタクトで聞き手の心を読む

> アイコンタクトは、聞き手の感情を読み取り軌道修正するために大切です。

考え方

プレゼン中、聞き手の目を見るのが怖くて、下を向いてしまうという方もいますが、プレゼンを成功させるためにはしっかりと聞き手の目を見るべきです。

アイコンタクトは、「あなたのために話しています」と安心感を与える効果に加え、聞き手の反応を確認するためにも非常に大切です。聞き手の感情を読み取り、必要に応じてその場で軌道修正も加えましょう。退屈そうであれば話すリズムを変えたり、声の大きさを調整したり、一度脱線して例え話を盛り込んでみたり。

プレゼンはライブです。聞き手の反応を窺いつつ、興味を惹き続けながら話を伝えられるように、臨機応変に調整していきましょう。

大人数を前にプレゼンしているときは、頷いている人など一番反応が良い人をロックオンしましょう。自分の気持ちも高まり話しやすくなります。

聞き手を向いて臨機応変な対応を

怖いな。どんな顔してみられているんだろう。
どう思われているんだろう。
つまらなくないかな…。

この話で反応してくれた。
もう少し膨らませてみようかな。

この話は退屈そうだから、
違う角度から話を展開してみよう。

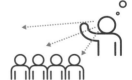

Talk 92 「直立不動」と「左右に揺れる」はNG

> 話に合わせて、自然に身振り手振りを加えることで、聞き手の違和感がなくなります。

考え方

プレゼン時の姿勢は、基本的には好きな姿勢で構いません。

ただし、自信が無さそうに見える、違和感がある、聞き手に不快な想いをさせる、といったマイナスのイメージを持たれないように心がけます。

たとえば、「直立不動」や「左右に揺れながら話す」姿勢は、聞き手に違和感を与えてしまうので、避けるべきです。

直立不動だと、緊張感を与え、表現に乏しく、堅い印象を与えます。反対に、左右にぐらぐらと揺れる仕草は落ち着きがなく、自信がなさそうな印象を与えてしまいます。

無理にオーバーアクションを取る必要はないので、話に合わせて、自然に歩いたり、身振り手振りを加えたりなど、普段の会話と同じような振る舞いを心がけるのがベストです。

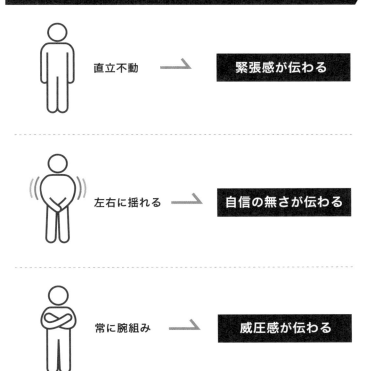

Talk 93 デモンストレーションでは聞き手の視線を誘導する

[自分が話したいところと聞き手の視線を一致させるように誘導していきます。]

▶ 考え方

　製品のデモンストレーションをするときは、聞き手に見て欲しいところを適切に案内することを意識しましょう。

　たとえば、デモ画面を表示するときには、「右上の青いボタンを見てください」のように、見て欲しい場所を明確に伝えることで、自分が話したいところと聞き手が見ている場所を一致させるように聞き手の視線を誘導します。

　操作するときにも、聞き手に合わせて行います。

　ボタンをクリックするときには、クリックする場所をあらかじめ説明してから、聞き手の視線を集めたうえでクリックします。

　こうすることで、どこを見ていればいいか分からないまま画面が変わってしまった、といったことを防ぐことができます。

　聞き手の立場に立って、視線を適切に誘導できるデモンストレーションを身につけましょう。

聞き手を迷子にしない配慮

> 検索窓をご覧ください。

クリック＋画面移動

> ここをクリックすると検索画面が表示されます。

えっ、どこをクリックしたのか分からなかった…。

↓

> **画面右上の検索窓をご覧ください。**
> こちらをクリックすると検索画面に移ります。

クリック＋画面移動

> このように検索画面が表示されました。

Talk 94 世界のトレンド "会話するようなプレゼン"

[講義をするようなスタイルから、聞き手と会話しながら内容を組み立てるスタイルへ。]

▶ 考え方

プレゼンといえば、多くの人が座っている前で自分ひとりが講義をするように話すもの——このようなイメージで固まっていないでしょうか。近年世界中のプレゼンテーション業界が注目しているのは、Conversational Presentation（会話するようなプレゼン）のスタイル。

聞き手の反応を見ながら、あるいは聞き手と会話をしながらプレゼンする。そしてコンテンツは、聞き手の反応次第でその場で流れを変えられる設計に。

さらに聞き手からの質問をリアルタイムで集めることができる「sli.do」などのサービスも登場してきています。

一人の話し手とお行儀よく席に着いた聞き手がいる——これがこれまでの「プレゼン」だとすれば、このConversational Presentationはプレゼンを再定義する新しいスタイルのプレゼン。そんな柔軟な考え方も知っておきましょう。

プレゼンスタイルの多様化

このスタイルは、たとえばカフェで
タブレットを利用して数名を相手に
プレゼンするようなケースで効果が高い。

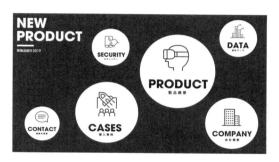

聞き手との会話に応じて話す順番が変えられるよう、コンテンツを
リンクボタンで選択できる設計にしたデザインの例。
PowerPoint のリンク機能や Prezi のトピック機能を使うことで
Conversational Presentation に最適化したプレゼン資料を
作ることができます。

プラスα

会話型のプレゼンを支援するサービスも普及しており、たとえば聞き手が質問や反応をプレゼンターに向けてリアルタイムで投稿できる sli.do は、日本のビジネスシーンにマッチしていると言えるでしょう。

Talk 95 リモコンの機能を味方にする

[さまざまな種類が発売されているプレゼン用リモコン。機能を使いこなすことでプレゼンを自在に。]

▶ 考え方

　プレゼンリモコンといえば、細長い棒状で「送り」「戻り」「レーザーポインター」というのが伝統的ですが、最近はさまざまな形状や多機能なものも。

　こうしたガジェットの機能もプレゼンのデザインに反映させてみましょう。

　とはいえ、テレビにリモコンを向けて「よいしょ」とやるようにボタンを押してしまっては、せっかくのプレゼンの流れを止めてしまいます。

　話しながら、いかに自然に自分の手足のように使いこなせるか。リモコンも含めた練習は不可欠です。

リモコンの特性を活かす

Logicool Spotlightは画面上に円形のスポットライトを当てたような効果を作ったり、指示した場所をズームできるため、プレゼンのデータを作りこまなくてもリモコン側の機能でインタラクティブな演出が可能に。

コクヨの「黒曜石」は、指につけるリングプレゼンターと呼ばれるタイプ。
非常に小さいため、手のひらに包み込むように持つことで聞き手側から
コントロールしている様子を隠して手品のようにプレゼンを進めることができます。

Talk 96 最高のエンディングを準備しておこう

[一番強烈に印象を残せる大事な締めの言葉を、きっちりと準備しておきましょう。]

考え方

締めの言葉がバタバタしてしまっては台無しです。
ここでプレゼン全体の印象が左右されます。エンディングに含めるべきポイントは次の3つ。

- 今日話した全体像（フレーミング）
- 主張
- 直近のアクション

未来を伝えるメッセージのスライドと共に、このプレゼンで伝えたかったこと、そしてこれから起こして欲しいアクションを改めてクリアに伝えることで、聞き手の次のアクションにつなげます。プレゼンのエンディングは、しっかりと準備をして印象的に締めくくりましょう。

3つのポイントを押さえたエンディング

特にメッセージのないエンディング

> とりとめのない話で失礼いたしました。
> ご清聴ありがとうございました。

準備されたエンディングメッセージ

- 1. 今日話した全体像

> 今日は、リモートワークを取り入れることについて、
> 「コスト面」「生産性面」「コミュニケーション面」
> の3つのテーマで話をしました。

- 2. 主張

> あらためて、この話を通して伝えたかったことは、
> リモートワークを上手く取り入れることによって、
> 従業員の満足度と、生産性向上を共に両立させる
> 可能性が充分にあるということです。

- 3. 直近のアクション

> ぜひまずは従業員の方へ話を聞いてみるところから
> 始めてみてください!
> あなたの会社に合った働き方を
> ぜひ見つけていきましょう。

Talk 97 | 質問にはその場で回答する必要はない

> すべてを答える必要はありません。正しい回答をすることを第一に考えましょう。

▶ 考え方

「質疑応答は、どんな質問が来るか分からないから怖い」

そういった声を聞くことがありますが、すべての質問にその場ですぐさま答える必要はありません。

優先するべきは「正しい」回答をすること。

もちろんその場で回答できればベストですが、一次回答ができない場合は、詳しいメンバーに確認してから、後ほど正しい回答をするようにしましょう。

聞き手も、その場ですぐに得られる間違った回答よりも、確認が取れた正しい回答を求めているはずです。

もちろんすぐに正しい回答ができるのがベストですが、すべての回答をその場でしなければいけない、という考え方をやめるだけで、質問が怖くなくなります。

質疑応答を「持ち帰る」という選択肢

> えっと、それはですね、
> 確か○○だったと思います…

×

> すみません、そこに関しては
> 私は専門ではないので分かりません…

> 今すぐ確実な回答ができないので、このご質問については、担当のメンバーに一度確認を取りまして、後日正しい回答をさせてください。

○

> 後ほど詳しい営業のメンバーが参りますので、
> 詳しい内容を直接聞いて頂けるように
> 手配しておきます。

Talk 98 会場の環境を整えるのも大事な準備

> 会場の環境を心地好い状態にすることで、聞き手の満足度も向上します。

考え方

講演後のアンケートには、「会場が寒すぎて集中できませんでした」の一言。

いかに素晴らしい内容を話しても、会場の環境が整っていなければすべてが水の泡になります。

会場の環境を整えて、集中して聞いてもらえるようにすることもプレゼンの大事なポイントです。

可能ならば下見をして、当日は余裕を持って会場に入りましょう。

聞き手の立場で会場をグルッと回って、会場全体を確認します。

快適な環境を用意して、聞き手を迎えましょう。

プレゼン会場のチェックリスト

- ☐ 会場の温度
- ☐ 空調を調整する場所
- ☐ 照明の明るさ
- ☐ 照明を調整する場所
- ☐ スクリーンの有無
- ☐ プロジェクターの接続方法
- ☐ プロジェクターの型番（明るさ／色）
- ☐ 会場レイアウト（見えにくいところなど）
- ☐ マイクの有無
- ☐ 音響の調整場所
- ☐ BGMの準備
- ☐ 周りの騒音
- ☐ 電源・Wi-Fi環境の有無

Talk 99 プレゼン後はすぐに振り返って次に活かす

[今回のプレゼンは必ず見直して、良い点・悪い点を次に活かしていきましょう。]

考え方

プレゼンは、人生で一度きりではありません。

プレゼンが終わったら「ああ、何とか終わった！」ではなく、記憶が鮮明なうちに振り返りを必ず行いましょう。

そのときにおすすめなのは、プレゼンを録画・録音しておくことです。

改めて自分のプレゼンを客観視して確認することで、話の分かりにくさや、練習では気づかなかった自分のクセなどを確認することができます。

私もよくプレゼンをiPhoneで録音しています。

プレゼン本番の機会は今後の大きな財産です。ぜひ記録をして振り返りができるようにしておきましょう。

振り返りのチェックリスト

- ☐ 話の分かりやすさ
- ☐ 話すスピード
- ☐ 声のトーン
- ☐ 言葉の抑揚（強弱）
- ☐ 間の取り方
- ☐ 話すリズム
- ☐ 伝えたいことを伝えているか
- ☐ 口癖
- ☐ 1フレーズの長さ
- ☐ 視線
- ☐ 姿勢
- ☐ ボディアクション
- ☐ 手の位置

プレゼンって本来は楽しいものだ

> プレゼンの機会が与えられるのは大きなチャンス。その機会を存分に楽しみましょう。

考え方

ここまでさまざまな法則をご紹介してきましたが、最後に最も大切なことをひとつ。

プレゼンは本来「楽しい」ものです。

自分の意見や提案に対して、時間を取って聞いてもらえる機会に恵まれるというのは、非常にレアで大きなチャンス。

それなのに、いざプレゼンとなると、「怖い」、「緊張する」、「嫌だ」という気持ちが先行してしまいます。これは、どれほどプレゼンに慣れた人であっても決してなくならない感情。ですが、この気持ちだけでプレゼンをしていると、「伝わる」プレゼンはできません。

本書ではこの感情のギャップを少しでも埋めてもらえるように、すぐに使える「伝わるプレゼンの法則」を紹介してきました。

そして、最後の100個目としてお伝えしたいのが、「楽しく」プレゼンをしてください、ということ。

プレゼンターの感じている「楽しい」は、必ず聞き手にも伝わります。同じ空間を共有するプレゼンテーションという舞台だからこそ、「楽しい」が作る好循環は、プレゼンの結果に大きな差をもたらします。

　はじめは、プレゼンの「怖い」よりも「楽しい」の感情が上回るまでに、少し時間がかかるかもしれません。
　大切なのは「成功体験」。プレゼンの中で、なにかひとつでもうまくいったなと思えることがあれば、それだけでプレゼンへのイメージは変わります。
　そしてそこから先は、プレゼンを少しずつ楽しいものと捉えることができるようになっていきます。
　今はまだプレゼンを楽しいと思えない方は、まず1度目の「うまくいった」につながるように、すでにプレゼンが楽しいと感じている方は、もっと大きな成功につながるように、この100の法則をぜひ活用してみてください。

あとがき

「日本人はプレゼンが下手」
　こんな言葉を最初に言ったのは一体誰だったのでしょうか。

　この言葉は事実以上に、私たちのプレゼンの意識にブレーキをかけてきたのかもしれません。実際には、多くの方がプレゼンに興味を持ち、改善しようという意気込みを持っています。本書を手に取っていただいたあなたも、そのひとりです。

　私たち二人も、もともとは手探りの状態でプレゼンのスキルを身につけてきました。だからこそ本書では、建前は抜きにして、リアルに使える「伝える」ための考え方やテクニックを「100の法則」としてまとめています。

　本文中でも繰り返し述べてきたように、プレゼンの基本は、相手のためにプレゼンを考えて、相手のために話す。
　私たちも、本書をどうすればより役に立てていただけるかを様々に考えました。

Presentation
Rule Index

　プレゼン本ではあまり例がない、ストーリー→デザイン→トークと、1冊でプレゼンの「伝わる」のすべての要素を凝縮したユニークな構成になっているのはこのためです。

　また、どのページを単体で見ていただいても、次のプレゼンに向けたインスピレーションを感じていただけるように、何度も推敲を重ねました。本書の内容が、あなたのプレゼンをよりよくする手助けになることができれば、うれしく思います。

　近い将来、「日本人はプレゼンが上手い」という言葉を世界のいろんなところで聞けるように。

　最後に、筆の遅い2人の著者を根気強くサポートし、本書を完成に導いてくれた3人目の著者ともいうべき担当編集の斉藤俊太朗さんの貢献に、心から感謝します。ありがとうございました。

吉藤　智広
渋谷　雄大

吉藤 智広 よしふじ・ともひろ

プレゼンテーションデザイナー / Prezi Expert
会計事務所勤務、ローカリゼーションスペシャリストを経てプレゼンテーションデザイナーとして独立。2014年、日本人で初めてPrezi Expertの公式認定を取得。2015年〜2017年はシンガポール、2018年〜日本を拠点に活動。国際サミット、カンファレンスをはじめイベントや展示会など、国内外のプレゼンテーションデザインを数多く手掛ける。プレゼンテーションデザインの国際コンテストPrezi Awards 2018において、最高栄誉にあたる"Prezi Expert: Best Overall"を受賞。著書に『Preziデザインブック』『Preziで極めるビジュアルプレゼンテーション』（共に日経BP社）
🌐 https://re-presentation.jp/

渋谷 雄大 しぶや・ゆうだい

株式会社 MOVED 代表取締役社長 / サイボウズ株式会社 エバンジェリスト

東京メディカルスポーツ専門学校鍼灸科卒業、シドニーで鍼灸師・スポーツトレーナーとして活動。帰国後、独立などを経て、ICT コミュニケーションズ株式会社にて IT 業界へとキャリアチェンジ。IT サービスの導入研修や資格試験の設計などを経験。2015 年よりサイボウズ株式会社 kintone エバンジェリストとして、年間 140 回を超えるセミナー・講演活動を担当し、kintone の認知拡大・ユーザー数増加に貢献。2018 年 9 月株式会社 MOVED を創業し、プレゼンテーション研修やイベント・展示会支援などを展開している。

🌐 https://www.moved.co.jp/

伝わるプレゼンの法則100

2019年7月1日　第1刷発行
2023年8月15日　第6刷発行

著　　者	吉藤智広　渋谷雄大
発 行 者	佐藤　靖
発 行 所	大和書房
	東京都文京区関口1-33-4
	電話　03-3203-4511
ブックデザイン	相京厚史 (next door design)
	望月志保 (next door design)
本文印刷	光邦
カバー印刷	歩プロセス
製　　本	ナショナル製本

©2019 Tomohiro Yoshifuji, Yudai Shibuya Printed in Japan
ISBN978-4-479-79697-8
乱丁・落丁本はお取り替えいたします。
http://www.daiwashobo.co.jp